Hans Riebsamen, Rafael Herlich

Nie gefragt – nie erzählt

Mit Dank an Nikolaus Hensel
für seine Unterstützung.

Aus Gründen der besseren Lesbarkeit wird auf eine geschlechtsneutrale Differenzierung verzichtet. Die hier verwendeten Personenbezeichnungen beziehen sich – sofern nicht anders kenntlich gemacht – auf alle Geschlechter.

MIX
Papier | Fördert gute Waldnutzung
FSC® C129413
FSC www.fsc.org

Der Umwelt zuliebe nicht in Folie verpackt.

Impressum
1. Auflage

Satz: Bruno Dorn, Societäts-Verlag
Umschlaggestaltung: Bruno Dorn, Societäts-Verlag
Druck und Verarbeitung: Print Best OÜ
Printed in EU 2024
ISBN 978-3-95542-478-7

Besuchen Sie uns im Internet:
www.societaets-verlag.de

Hans Riebsamen
Rafael Herlich

Nie gefragt – nie erzählt

Das vererbte Trauma in den Familien der Holocaust-Überlebenden

societäts\verlag

Inhalt

Einführung

Die Geschichte hinter dem Titelbild. Am 25. April 1939 hat Amalie Stutzmann ihren Sohn Markus Stutzmann zum Frankfurter Hauptbahnhof gebracht und ihn einem Kindertransport nach Palästina anvertraut. Einer Freundin in Palästina schrieb sie: »Ich schicke dir alles, was ich besitze.« Amalie Stutzmann sah in der Verschickung ihres Sohnes nach Palästina die einzige Chance, ihn vor weiteren Verfolgungen durch das Nazi-System zu schützen und ihm eine hoffnungsvolle Zukunft zu eröffnen. Der Zehnjährige kam mit 34 weiteren Kindern und Jugendlichen im März 1939 auf dem Schiff »Galiläa« in Palästina an und wurde in das Jugenddorf »Kfar Hanoar Hadati« (Dorf der religiösen Jugend) in der Nähe von Haifa aufgenommen. Auf dem Frankfurter Hauptbahnhof hat er seine Mutter zum letzten Mal gesehen.

71 Jahre später ist Markus Stutzmann, der sich in seiner neuen Heimat Abraham Bar Ezer nannte, nach Frankfurt zurückgekehrt, um an der Verlegung eines Stolpersteines für seine Mutter Amalie vor dem Haus Sandweg 11 teilzunehmen. Sie, die viele Jahre als Krankenschwester im Frankfurter Hospital der Georgine Sara von Rothschild'schen Stiftung gearbeitet hatte und nach dessen Schließung durch die Nazis im Mai 1941 am Jüdischen Krankenhaus an der Gagernstraße tätig war, wurde mit einem Transport von der Frankfurter Großmarkthalle aus am 11. oder 12. November 1941 in das Ghetto Minsk in Weiß russland deportiert, wo sie bald darauf ermordet wurde.

Begleitet wurde Markus Stutzmann/Abrahamn Bar Eze bei seiner Reise nach Frankfurt von seiner Tochter Amaly Shachal und deren Sohn. Mit ihm, seinem Enkel, ist Marku Stutzmann während dieses Aufenthalts in der Mainmetropol zum Hauptbahnhof gefahren und hat ihm den Bahnsteig ge zeigt, auf dem er zum letzten Mal seine Mutter gesehen hat. De Fotograf Rafael Herlich hat die beiden damals zum Bahnho begleitet und jenes Foto aufgenommen, das auf der Titelseite dieses Buches zu sehen ist.

Dieses Foto symbolisiert das Thema unseres Buches. Es zeigt das Glück eines Überlebenden, den die Nazis nicht er morden konnten und dem es gelang, eine eigene Familie zu gründen. Das war ein Sieg über Hitler und seine Schergen, die das jüdische Volk vom Erdboden vertilgen wollten. Die Aufnahme weist aber auch darauf hin, dass die Kinder und Enkel der Überlebenden in der Tradition ihrer Großeltern und Eltern stehen und von deren Überlebenskampf geprägt sind: Die einen in einem belastenden Sinn, indem sie unter dem Trauma des überlebenden Familienmitglieds leiden oder dieses Trauma sogar geerbt haben; die anderen in einem Mut machenden Sinn, indem sie die Leiden der Großeltern oder Eltern in eine starke Kraft wenden, mit der sie gegen eine Wiederholung der unseligen Vergangenheit kämpfen.

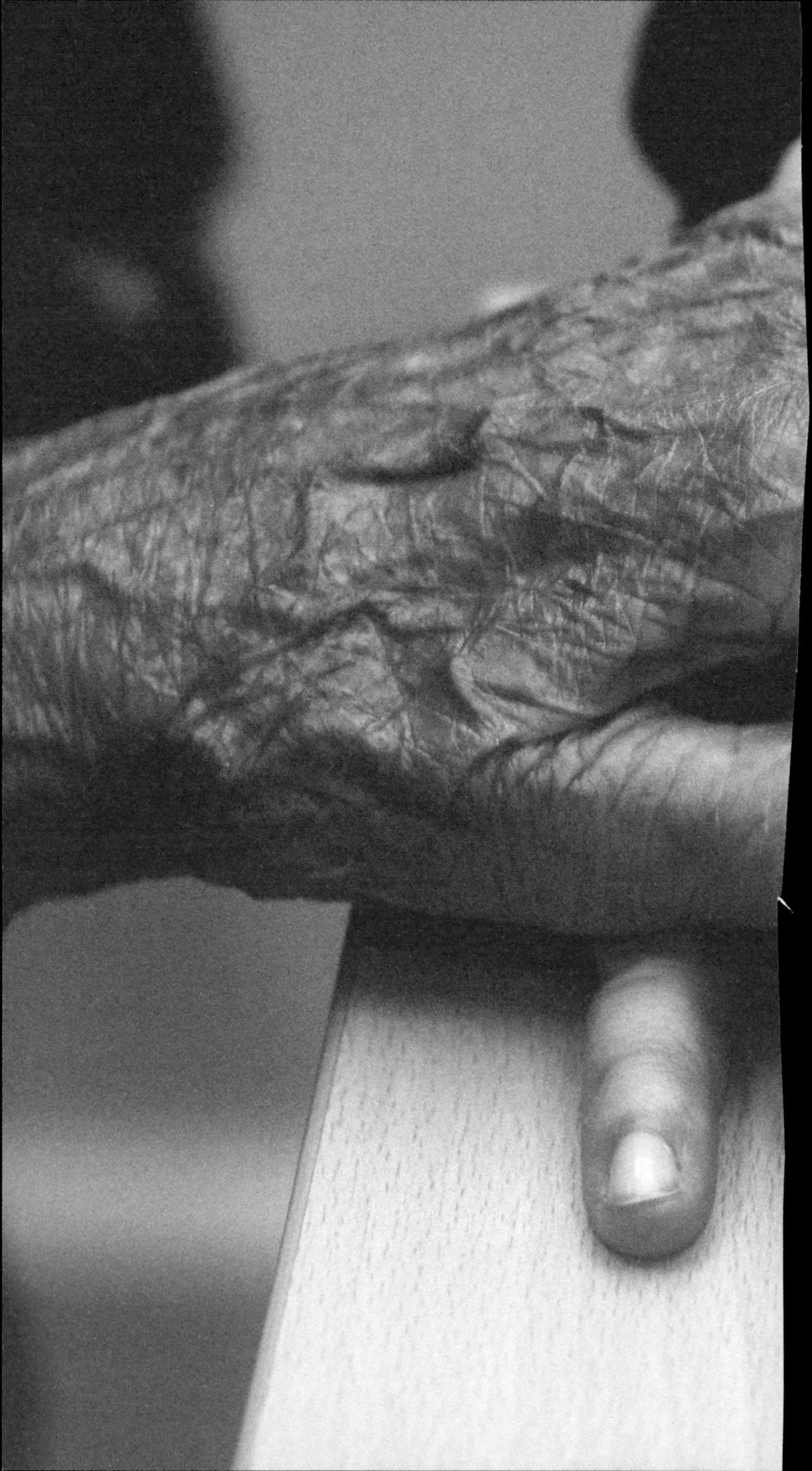

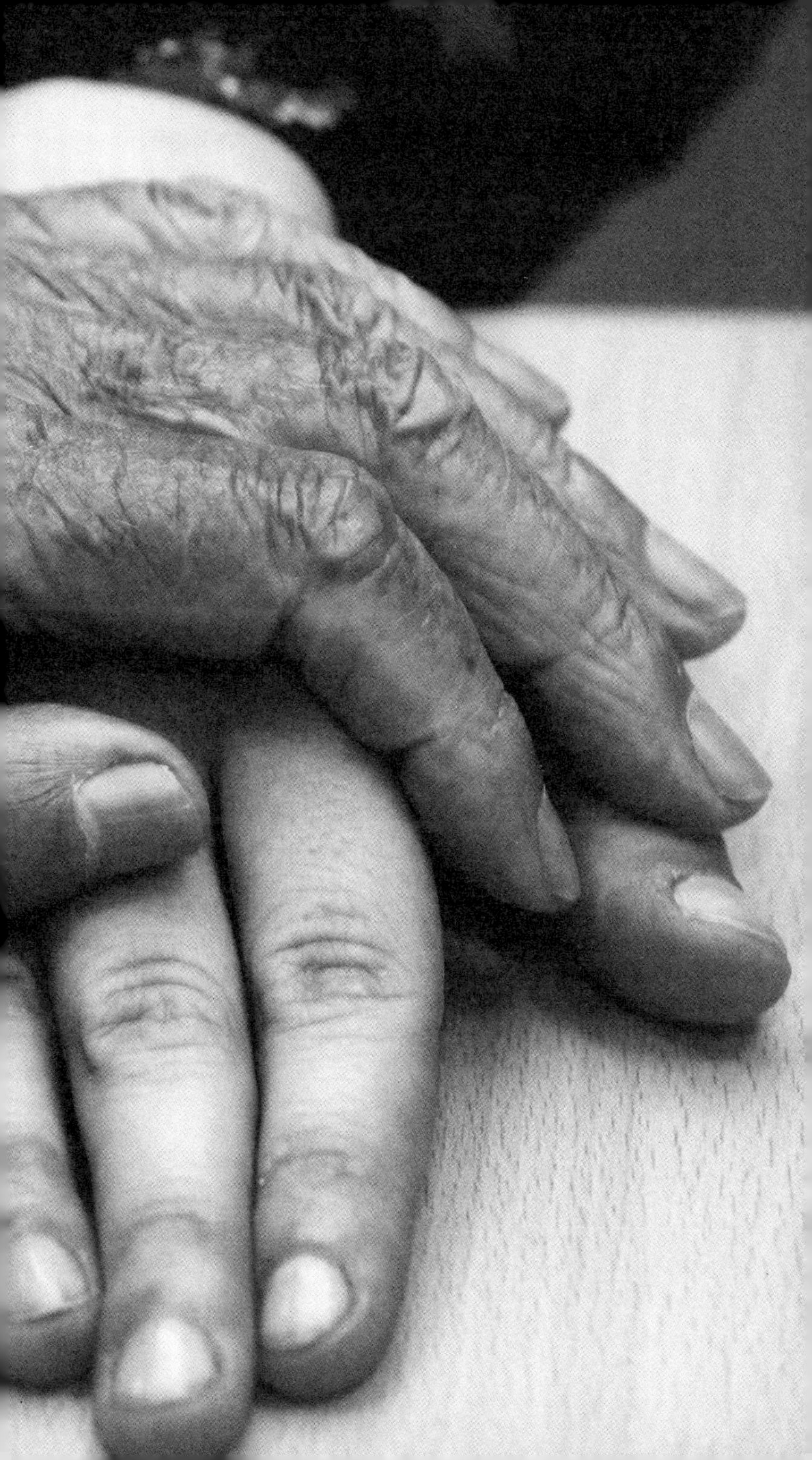

Der Holocaust. Es war der vermutlich größte Mord in der Geschichte der Menschheit. Etwa sechs Millionen Juden hat das nationalsozialistische Regime in den zwölf Jahren seiner Herrschaft zwischen 1933 und 1945 umbringen lassen. Abertausende von Menschen wurden nach den Überfällen auf Polen am 1. September 1939 und auf die Sowjetunion am 22. Juni 1941 zuerst in großer Zahl von eigens gebildeten Sondereinheiten hinter der Front erschossen. Die Einsatzgruppen und Sonderkommandos aus Angehörigen der Geheimen Staatspolizei (Gestapo), Kriminalpolizei, des Sicherheitsdienstes (SD), der Ordnungspolizei und der Waffen-SS liquidierten auch massenweise Sinti und Roma, Kommunisten, angebliche Asoziale und Berufsverbrecher sowie physisch oder geistig Behinderte. Doch der Hauptfeind waren die Juden: nicht nur jüdische Männer, sondern auch Frauen, Kinder, Alte, Kranke. Das Ziel Hitlers und seiner Anhänger war die Ausrottung des Judentums.

Wo die Wehrmacht bei ihrem Ostfeldzug auf jüdische Bewohner traf, wurden diese, sofern nicht sofort erschossen oder totgeschlagen, in Ghettos gezwungen, wo viele verhungerten, an Krankheiten starben oder schlicht erschlagen wurden. Die Hälfte der sechs Millionen ermordeten Juden wurde indes in Vernichtungslagern wie Auschwitz-Birkenau, Majdanek oder Treblinka vergast: mit dem Blausäuregas Zyklon B in Auschwitz, mit Kohlenstoffmonoxid aus Gasflaschen in Majdanek, mit Abgasen von Benzinmotoren in Treblinka. Als gegen Ende des Krieges die Rote Armee immer näher rückte, ließen die Nazis viele Lager räumen, die Insassen wurden auf die berüchtigten Todesmärsche in Richtung Westen getrieben, auf denen noch einmal viele Tausende erfroren, an Erschöpfung starben oder totgeprügelt beziehungsweise mit einer Kugel liquidiert wurden.

Als Hitler 1939 der Wehrmacht seinen verhängnisvollen Befehl gab, Polen anzugreifen, und damit den Zweiten Weltkrieg vom Zaune brach, lebten knapp zehn Millionen Juden in Deutschland und den Ländern, welche die deutschen Armeen in den nächsten Jahren eroberten oder die, wie etwa Rumänien oder Ungarn, unter dem politischen Diktat Nazi-Deutschlands standen. Nach der deutschen Niederlage und dem Ende des Krieges in Europa im Mai 1945 hatten von den 9,5 Millionen Juden in Deutschlands Herrschaftsbereich gerade einmal 3,5 Millionen überlebt.

Die meisten dieser Überlebenden hatten vor den deutschen Verfolgern in ein anderes Land fliehen können, zuerst vor allem in die Tschechoslowakei, nach Frankreich, Holland oder Dänemark. Als diese Länder dann von den Deutschen besetzt wurden, fanden viele Zuflucht in England, Amerika und Palästina, nicht wenige auch in der Sowjetunion. Andere kämpften bei den Partisanen etwa in Weißrussland oder der Ukraine. Einige konnten sich unter falscher Identität durchschlagen, andere sich bei Einheimischen verstecken. Darüber hinaus überlebten zwischen 250.000 und 300.000 Juden in den diversen Zwangsarbeiterlagern und Konzentrationslagern oder überstanden die Todesmärsche nach der Räumung der Lager durch die deutschen Wachmannschaften. Fast alle, die von den Alliierten aus den Lagern befreit wurden, waren krank und stark geschwächt, manche starben tragischerweise nach der Befreiung, weil ihr Körper normales Essen nicht mehr vertrug und keine Diätkost zur Verfügung stand.

Überlebende Juden aus Polen und anderen osteuropäischen Ländern fanden nach dem Krieg oft ihre Dörfer und Heimstätten zerstört vor, und wenn ihre Häuser und Wohnungen noch existierten, wurden sie mittlerweile von anderen Leuten bewohnt, die nicht ausziehen wollten. In vielen Fällen waren die Rückkehrer nicht willkommen, ja, sie wurden zum Beispiel in Polen häufig sogar feindlich behandelt oder gar misshandelt. Fast alle hatten Teile ihrer Familie verloren, ihre noch lebenden Verwandten waren in alle Winde zerstreut.

Während die überlebenden Juden aus westeuropäischen Ländern wie Frankreich oder Holland oft in ihrer alten Heimat ihr Leben wiederaufnahmen, kehrten sehr viele Juden aus Osteuropa ihrem Geburtsland den Rücken und planten ein neues Leben – nach den Wünschen der meisten möglichst fern vom kriegsgeschädigten Europa. Um jedoch nach Amerika oder Palästina zu gelangen, mussten sie sich zuerst gen

Westen in die amerikanische oder englische Besatzungszone des besiegten Deutschlands durchschlagen. Denn nur von dort war in der Regel eine Flucht übers Meer nach Amerika oder Palästina möglich. Die Alliierten richteten für sie vielerorts in Deutschland sogenannte DP-Camps, provisorische Lager für »Displaced Persons«, ein, also für entwurzelte und heimatlose Flüchtlinge. Dort wurden sie versorgt und warteten nun auf die Erlaubnis zur Einreise in das Land ihrer Träume.

Die größte Gruppe von Holocaust-Überlebenden wanderte in den 1948 gegründeten Staat Israel aus, insgesamt etwa 250.000 Personen. Große Anziehungskraft übten auch die Vereinigten Staaten aus, dorthin emigrierten mehr als 90.000 Überlebende und weitere 25.000 nach Kanada. Viele französische, holländische, belgische, tschechische, ungarische und sogar deutsche Juden entschieden sich dagegen, in ihrem Heimatland zu bleiben.

Kinder waren für viele Überlebende ein Schatz, sie stellten den lebendigen Beweis dar, dass die Nazis nicht über das Judentum gesiegt hatten. Nicht wenige hielten es für eine heilige Pflicht, Kinder zu bekommen als Antwort auf das Grauen des Holocaust. In den DP-Camps war die Geburtenrate hoch, und schon bald wuchs eine neue Generation von Juden heran, die sogenannte zweite Generation. Sie war geprägt von der Verfolgungserfahrung ihrer Eltern, wie Helen Epstein in ihrem Buch »Die Kinder des Holocaust« schon 1979 festgestellt hat. Alle von ihr befragten Kinder von Holocaust-Überlebenden sagten ihr, sie hätten oft in einer Art wortlosen Osmose die Einstellungen ihrer Eltern zu deren Holocaust-Schicksal absorbiert. Die Eltern hätten sie meistens nicht ausdrücklich zu bestimmten Einstellungen angehalten, sondern ihre Söhne und Töchter vielmehr durch stumme Zeichen, durch Haltungen und unausgesprochene Wünsche psychisch geprägt.

Seit den 1960er Jahren stellte sich immer deutlicher heraus, dass viele Töchter und Söhne von Holocaust-Überlebenden vom Trauma ihrer Eltern geprägt waren, manche hatten deren seelische Verwundung direkt übernommen. Seit Mitte der sechziger Jahre suchten nicht wenige aus der »Zweiten

Generation« psychologische Hilfe bei Psychiatern, Analytikern oder in Kliniken. Vor allem in den Vereinigten Staaten und in Kanada waren Kinder von Überlebenden in Behandlung. Wie sich in den vergangenen Jahren herausstellte, gaben die Überlebenden ihr Trauma oft über die Generation der Söhne und Töchter hinweg auch an die Enkelgeneration weiter. Jedenfalls sind Angehörige der »Dritten Generation«, also die Enkel und Enkelinnen der Überlebenden, gegenüber ihren normalen Altersgenossen überdurchschnittlich oft in psychologischer Behandlung.

Um die zweite und dritte Generation geht es in diesem Buch. In 31 Porträts stellen wir Söhne, Töchter und Enkel von Holocaust-Überlebenden vor, lassen sie erzählen von der Lebensgeschichte ihrer Großeltern beziehungsweise Eltern, von ihrem Aufwachsen in »Schweige-Familien« oder auch von ihrer frühen Konfrontation mit den Horrorerfahrungen der Großeltern oder Eltern und ihrer Reaktion darauf. Der Fotograf Rafael Herlich, dessen Schicksal im ersten Porträt niedergeschrieben ist, hat vier Jahrzehnte lang das jüdische Leben in Deutschland und vor allem in Frankfurt mit seiner Kamera eingefangen. Seine Fotos in diesem Buch zeigen oft Überlebende in glücklichen Momenten: bei Bar Mitzwa-Feiern ihrer Enkel, bei der Hochzeit ihrer Kinder, bei Familienfesten oder Treffen von Gemeindemitgliedern. Die meisten dieser Überlebenden sind mittlerweile gestorben. Mit diesem Buch soll nicht zuletzt die Erinnerung an ihr Leben und Überleben für die nächsten Generationen festgehalten werden.

Hans Riebsamen, der Autor der Texte, hat sich mehr als drei Jahrzehnte lang als Redakteur der Frankfurter Allgemeinen Zeitung in vielen Artikeln mit dem jüdischen Leben beschäftigt und Geschichten dazu veröffentlicht. Seiner Überzeugung nach ist Deutschland, das Land der Holocaust-Mörder, erst vollständig zur Normalität einer zivilisierten Kultur zurückgekehrt, wenn Juden hier ganz selbstverständlich Teil der Gesellschaft sind und der Antisemitismus ausgerottet ist. Juden sind für dieses Land wie die Rosen, die in vielen Weinbergen am Anfang einer Reihe von Reben stehen. Diese Rosen werden als erste von Schädlingen und Krankheiten befallen und dienen den Winzern als Alarmanlagen, die sie darauf hinweisen, dass der ganze Weinberg bedroht ist. Seit der Welle des Antisemitismus nach dem Überfall der Hamas auf Israel am 7. Oktober 2023, dem Massaker an jüdischen Zivilisten sowie dem anschließenden Gaza-Krieg gegen die Hamas muss man konstatieren, dass der Judenhass noch immer tief in Deutschland verwurzelt ist und durch den Antisemitismus mancher Muslime sogar noch verstärkt wurde. Das ist eine ernüchternde Erkenntnis, die Erinnerungsarbeit umso wichtiger macht.

Kapitel 1
Liebesunfähigkeit

Kapitel 1
Porträt

RAFAEL HERLICH

1954 in Israel geboren. Dokumentiert seit 1975 als Fotograf das jüdische Leben in Deutschland.

BIS ZU JENEM ANRUF hat Rafael Herlich nicht im Geringsten geahnt, dass er einmal einen Halbbruder in die Arme schließen würde. Ob sie einen Emanuel Herlich kenne, der in Offenbach wohne oder gewohnt habe, hatte der Mann Rafael Herlichs Frau am Telefon gefragt. »Das ist doch der Vater meines Mannes«, lautete deren verblüffte Antwort. Rafael Herlich ist danach sofort ins Auto gestiegen und nach Essen zu seinem ihm bis dahin unbekannten Halbbruder Pierre gefahren. »Ich sah mich in ihm wie in einem Spiegel«, erinnert er sich an die erste Begegnung.

Heute empfindet er Pierre nicht mehr als einen Halbbruder, sondern als einen echten Bruder. Immer am Todestag ihres Vaters nimmt Pierre die Fahrt von Essen nach Frankfurt auf sich, damit sie beide zusammen am Grab eine Kerze anzünden können. Sie feiern zusammen, wenn sich die Gelegenheit ergibt, und Pierre kommt häufig zur Eröffnung einer der vielen Fotoausstellungen, die Rafael Herlich in Schulen, Kirchengemeinden und vor kurzem sogar im Europäischen Parlament in Brüssel ausgerichtet hat.

Mehr als 40 Jahre lang hatte der Halbbruder Pierre den Mann seiner Mutter für seinen leiblichen Vater gehalten. Doch eine Blutprobe, abgenommen vor einer Operation, entlarvte diesen Glauben als Irrtum. »Wer ist mein Vater?«, wollte er nun von seiner Mutter wissen. Die konnte und mochte das ein halbes Leben lang gehütete Familiengeheimnis nicht länger

Rafael Herlich mit dem
Foto seiner Großeltern.

bewahren. Ja, der »Vater« sei nicht sein wirklicher Vater, eröffnete sie ihrem Sohn. Ein Emanuel Herlich aus Offenbach habe ihn gezeugt, doch er habe sie und das Kind verlassen. Pierre durchmusterte daraufhin alle Telefonbücher für die Rhein-Main-Region und rief alle Teilnehmer mit dem Namen Herlich an. So fand er Rafael Herlich.

Die Geschichte, die sein Halbbruder Pierre ihm erzählte, kam Rafael Herlich bekannt vor. Denn auch ihn und seine Mutter hatte Emanuel Herlich allein gelassen. Bald nach der Geburt seines ersten Sohns Rafael in Israel setzte er sich ins Ausland ab. In einem letzten Anruf aus der Schweiz schlug er der Mutter vor, doch dorthin zu kommen. Sie lehnte ab.

»Mein Vater ist nicht Holocaust-Überlebender, er ist immer im Holocaust geblieben.«

Der Bruch der Familie hat auch sie zerbrochen, nie kam die Mutter mehr ganz auf die Beine, nie fand sie sich im Leben mehr richtig zurecht. Abwechselnd lebten sie und ihr Sohn Rafael bei den Familien ihrer Brüder an verschiedenen Orten in Israel. »Immer waren wir nur Gast«, sagt Rafael Herlich über seine Jugend.

Damals in Essen, als Rafael Herlich seinem Halbbruder zum ersten Mal begegnet ist, drängte sich beiden unabwendbar die Frage auf: »Warum lässt ein Mann ein Baby allein?« Und das nicht nur einmal, sondern zweimal. Mittlerweile haben die Söhne von Emanuel Herlich zueinandergefunden: »Wir sind jetzt eine Familie«, sagt Rafael Herlich.

Nach langwierigen und durchaus schmerzhaften Recherchen in Familie und Verwandtschaft glaubt er, eine Antwort auf das Verhalten seines Vaters gefunden zu haben. Sie lautet: Holocaust. »Mein Vater ist nicht Holocaust-Überlebender, er ist immer im Holocaust geblieben«, sagt der Sohn.

Emanuel Herlich zählt zu jenen NS-Verfolgten, die nie über ihr Schicksal sprechen konnten – nicht einmal mit ihren Kindern. Das Phänomen ist bekannt. Viele Überlebende von Konzentrationslagern plagten Schuldgefühle darüber, dass sie mit dem Leben davongekommen waren, während Millionen andere sterben mussten. Sie schämten sich dafür, dass sie von ihren Peinigern so erniedrigt wurden. Und viele wollten einfach nicht ihre Kinder mit ihrem schrecklichen Schicksal belasten. So ist es zum Beispiel dem 2012 verstorbenen Historiker Arno Lustiger ergangen, der seinen Kindern erzählte, die Häftlingsnummer auf seinem Arm sei eine Telefonnummer. Lustiger hat sich der niederdrückenden Last der Vergangenheit dadurch entledigen können, dass er irgendwann von seinen Erlebnissen öffentlich erzählte.

Sein Leidensgenosse Emanuel Herlich, der in Frankfurt einen Textilgroßhandel betrieb, verharrte dagegen sein Leben lang im Schweigen. Auch gegenüber seinem Sohn Rafael, der mit 18 Jahren von Israel nach Deutschland gekommen war, um den mittlerweile in Offenbach lebenden Vater zu treffen. Sein Leidensweg durch Arbeits- und Konzentrationslager war für Emanuel Herlich ein Tabuthema, er hat die Vergangenheit, seine ganzen Erinnerungen in sich hineingefressen.

Nur zwei Geschichten aus der Lagerzeit habe sein Vater preisgegeben, erinnert sich sein Sohn Rafael. Jene vom Apfelbaum und jene von der Flucht aus dem Zug. Der Apfelbaum trug reiche Früchte, Emanuel Herlich und seine ausgehungerten Mithäftlinge hätten sich nur zu gern den Magen vollgeschlagen. »Du darfst dir Äpfel nehmen«, ermunterte ein SS-Mann den Vater – doch dessen Instinkt warnte ihn. Ein anderer Häftling nahm die Einladung an und ging zum Baum – und der SS-Mann schoss ihm in den Rücken. Weil er die »Flucht« eines Häftlings vereitelt hatte, bekam er sogar eine Woche Urlaub.

Der Zug wiederum sollte Emanuel Herlich und seinen Zwillingsbruder Manuel in ein neues Lager tragen. Sie waren gewarnt worden, dass ein gewisser Doktor Mengele sich sehr für Zwillinge interessiere und laufend neue Geschwisterpaare für seine Versuche brauche. Nur die Flucht könne ihn retten, glaubte Emanuel Herlich und sprang vom fahrenden Zug. Die Wachleute verfolgten ihn. Der im Waggon zurückgebliebene Manuel hörte die Schüsse und glaubte seinen Bruder tot. Erst viele Jahre später, Emanuel Herlich lebte schon in Offenbach, haben sich die Zwillinge schließlich per Zufall wiedergefunden.

Ein einziges Mal, bei einem Besuch in seiner Heimatstadt Lodz lange nach Kriegsende, hat Emanuel Herlich öffentlich über seinen Leidensweg durch ein halbes Dutzend Ghettos und Lager gesprochen. Dem Reporter einer polnischen Zeitung stand er Rede und Antwort. Wahrscheinlich fiel es ihm leichter, einem Fremden seine Erinnerungen anzuvertrauen als seinem Sohn. Mit eigenen Augen, so sagte er dem Reporter, habe er mitansehen müssen, wie seine Frau und sein kleines Kind ermordet worden seien.

Im Ghetto in Lodz sollte er hingerichtet werden, weil er ein paar Kartoffeln gestohlen hatte. Ein Bekannter setzte seinen Namen auf die Liste der Bewohner, die an einer Seuche verstorben waren, Emanuel Herlich überlebte mit dem Namen eines anderen. Bei der Selektion auf der Rampe in Auschwitz war er der Gruppe der Todgeweihten zugeteilt worden, die sofort vergast werden sollten. Einem selektierenden Arzt zeigte Emanuel Herlich daraufhin seine starken Muskeln, deshalb schob ihn der Mann im weißen Kittel auf die andere Seite.

Sein Überlebenskampf in den Lagern, die Auslöschung eines Dutzend Familienmitglieder in der Shoa, besonders aber die Ermordung von Frau und Kind: Diese schrecklichen Geschehnisse scheinen Emanuel Herlich ein Leben lang verfolgt und sein Handeln in gewisser Weise zwanghaft bestimmt zu haben. Seine Frau in Israel etwa, Rafael Herlichs Mutter, war – wohl kein Zufall – das Ebenbild seiner im KZ ermordeten Frau. Seinem israelischen Sohn gab er den Namen seines ebenfalls ermordeten Vaters.

Der verlassene Sohn Rafael hat als junger Mann dann doch noch zum Vater gefunden. Mehrmals besuchte er ihn in Deutschland, schließlich siedelte er nach Frankfurt über. Als Jugendlicher lautete für ihn die wichtigste Frage: »Warum ist mein Vater nicht zu meiner Bar Mitzwa gekommen?« Also zu jenem Fest, das für jüdische Jungen das wichtigste im Leben ist. Nie hat er eine Antwort bekommen. Als sein Vater im Jahr 2000 starb, stand Rafael Herlich vor seinem Grab und musste sich eingestehen: »Ich habe diesen Mann nicht gekannt.« Emanuel Herlich hat seinen Sohn nie in den Kindergarten gebracht, er hat ihm nie bei den Schularbeiten geholfen, stand ihm nie zur Seite, wenn er krank war. Es gibt nicht einmal ein Foto von ihm mit dem Vater und der Mutter.

»Wer bist du, Vater?«, fragt sich Rafael Herlich bis heute. Emanuel Herlich hat zwar zwei Frauen und Kinder sitzen lassen, doch er hatte durchaus auch seine guten Seiten. Er habe anderen geholfen, soweit es in seiner Macht gestanden habe, erinnert sich der Sohn. Vor allem engagierte er sich bei der Beerdigung von Juden. »Meine Familie hat kein Grab«, pflegte er zu sagen. Heute ist sein Sohn überzeugt: »Mein Vater hat mich geliebt auf eine Art, die ich nicht verstanden habe.«

Von einer Cousine erhielt Rafael Herlich auf seiner Suche nach dem Wesen seines Vaters die Information, dass sein Vater einst eine Frau und ein Kind gehabt habe und dass diese im Holocaust vor seinen Augen erschossen worden seien. Zwei Schwestern des Vaters haben damals das Morden überlebt, sie leben heute in Israel. Dorthin haben sie ein Foto mitgenommen, das Rafael Herlichs Großeltern zeigt, die er nie gesehen und die von den Nazis umgebracht worden sind. Dieses Bild hing in der Offenbacher Wohnung des Vaters, sein Sohn sah es, als er diesen zum ersten Mal in Deutschland besuchte. »Schau, Rafael«, sagte sein Vater, »dein Großvater sieht aus wie du.« Dieses Bild begleitet Rafael Herlich seither bei seiner Arbeit. Seine Großeltern haben kein Grab, es gibt für ihren Enkel kein Ort des Gedenkens an sie. Nur dieses Foto.

»Mein Vater hat mich geliebt auf eine Art, die ich nicht verstanden habe.«

Vielleicht ist Rafael Herlich deshalb in Deutschland Fotograf geworden. Ein bekannter Fotograf, dessen Fotos vom jüdischen Leben in Deutschland in vielen Ausstellungen gezeigt werden. »Weiterleben – Weitergeben« hat er sein 2009 erschienenes Fotobuch betitelt. Es beginnt mit der schwarzweißen Fotografie der Großeltern, ebenjenem Bild, das viele Jahre im Wohnzimmer seines Vaters in Offenbach hing und dessen Eltern zeigt. Seine ermordeten Großeltern haben ihm nichts erzählen können und sein überlebender Vater hat es auch nicht gekonnt. »Jetzt muss ich erzählen«, sagt der Fotograf Rafael

Herlich. Mit seinen Fotos. Mit seinen Bildern versucht er seine Familie neu zu erschaffen, den Kreis des Schweigens zu durchbrechen. Deshalb hat Rafael Herlich auch das vorliegende Buch, dessen Fotos von ihm stammen, zusammen mit Hans Riebsamen herausgebracht.

Liebesunfähigkeit. Emanuel Herlich, der Vater des Fotografen Rafael Herlich, hat zweimal in seinem Leben Frau und Kind verlassen. Er hat sich gegenüber seinem Sohn Rafael in dieser Sache nie erklärt. Dass das Verhalten des Vaters etwas mit dessen Holocaust-Trauma zu tun hat, steht für Rafael Herlich außer Frage. Tatsächlich ist Emanuel Herlich kein Einzelfall. Es sind einige Fälle von Holocaust-Überlebenden bekannt, die während ihres zweiten Lebens nach der Befreiung ihre Familie im Stich gelassen haben. Oder sollte man sagen: im Stich lassen mussten?

Der israelische Psychiater Hillel Klein, selbst ein Überlebender, hat festgestellt, dass einige seiner Patienten von einer tief eingewurzelten Furcht geplagt wurden, sich auf die Liebe zu einem anderen Menschen einzulassen. Denn sie hatten im Ghetto, im KZ, im Vernichtungslager oder vor den Gewehren von Erschießungskommandos oft die meisten ihrer geliebten Angehörigen verloren. Das Trauma, dem sie auch später in der Sicherheit ihres zweiten Lebens in Israel oder einem anderen Land nicht zu entrinnen vermochten, bestand in der Furcht, womöglich noch einmal geliebte Menschen verlieren zu müssen. In ihrem Unterbewusstsein glaubten sie, dass jemanden zu lieben bedeutet, ihn zu verlieren. Denn so hatten sie es ja während ihres Überlebenskampfes erleben müssen. Die Ehefrau, der Ehemann, die Eltern, Kinder, Onkel, Tanten, die Cousinen oder Nichten waren bei einer Selektion in die Reihe der Todgeweihten kommandiert und ins Gas geschickt oder, wie im Falle von Emanuel Herlich, erschossen worden. Da sie den Verlust von geliebten Menschen nie verarbeitet hatten, wurden sie später bei jeder neuen Liebe wieder von dem alten Verlustschmerz überwältigt. »Wen ich liebe, der überlebt nicht«, lautete ihre Urangst, weshalb sie eine neue Liebe nicht ertragen konnten, sondern sich ihr irgendwann wieder entzogen.

Dem Sohn von Emanuel Herlich ist es besser ergangen. Rafael Herlich ist bei seiner Frau und seinen Kindern geblieben. Die Familie wurde sein ein und alles, sie gibt ihm bis heute Kraft und Lebenssinn. Seitdem Rafael Herlich Stückchen für Stückchen mehr über seinen Vater erfahren hat, seitdem er ein

Foto seiner Großeltern besitzt und weiß, wie Oma und Opa ausgesehen haben, konnte er auch den ausgelöschten Teil seiner Verwandten in seinen Lebensbaum integrieren. Doch seine ermordeten Vorfahren und sein schwer traumatisierter Vater haben ihm auch die Bürde auf die Schulter gelegt, an ihr Schicksal und das ihrer Millionen Leidensgenossen zu erinnern. Je älter Rafael Herlich wird, desto intensiver kommt er seiner angenommenen Pflicht nach, seiner Umwelt jene Menschen zu zeigen, die durch die tiefste Hölle des großen Judenmordens gegangen sind und ihr entkommen konnten. Fast manisch bereitet er neue Ausstellungen mit Fotos von Holocaust-Überlebenden vor, zieht von Schule zu Schule, um jungen Leuten vom Schicksal jener Frauen und Männer zu berichten, die oft wie durch ein Wunder der Erschießung oder Vergasung entkommen konnten. Das ist seine Art, die Verletzungen zu heilen, die das Verschwinden und später das Schweigen seines Vaters in seiner Seele angerichtet haben.

Als Fotograf, der ein knappes halbes Jahrhundert jüdisches Leben in Deutschland und vor allem in Frankfurt dokumentiert hat, besitzt Rafael Herlich einen Schatz an Aufnahmen von Holocaust-Überlebenden, wie ihn sonst wohl kein anderer in diesem Land sein Eigen nennt. Seine Fotos zeigen diese Männer und Frauen meist in glücklichen Momenten: bei der Hochzeit eines Sohnes oder einer Tochter, bei der Bar Mitzwa eines Enkels, bei der Feier eines Jubiläums. Sie strahlen oft einen Optimismus aus, der belegt, dass ein Leben nach der Hölle möglich ist. Ein glückliches Leben sogar, zumindest in manchen Momenten. Das Bild aller Bilder bleibt für Rafael Herlich jedoch die vergilbte Aufnahme seiner ihm unbekannt gebliebenen Großeltern, das einst in der Wohnung seines Vaters hing und das nun zu ihm gekommen ist. Dieses Foto steht deshalb am Anfang dieses Buches.

Kapitel 2
Schweigen

Schweigen. Nicht darüber sprechen. Auch nicht fragen. Viele Holocaust-Überlebende haben ihren Kindern nichts erzählt von ihren Erfahrungen im Ghetto oder im Lager. Manche ihr ganzes Leben lang, andere so lange, bis sie endlich die Kraft und den Mut fanden, sich zu öffnen, das Trauma zu durchbrechen, die schrecklichen Erinnerungen in Worte zu fassen.

Manchmal wollten die Eltern ihre Kinder durch ihr Schweigen einfach nur schützen. »Warum sollten sie es erfahren. Es hatte ja nichts mit ihnen zu tun«, hat eine Überlebende einmal gesagt. Die Töchter und Söhne sollten unbeschwert aufwachsen, nicht von der Last der Erinnerungen, die den Vater oder die Mutter so drückte, aus dem seelischen Gleichgewicht gebracht werden. Sie sollten »normal« leben können, so wie andere Kinder.

Andere Überlebende haben aus Selbstschutz geschwiegen. Immer wieder die bösen Erinnerungen wiederaufleben zu lassen: Erinnerungen an die Angst, die Panik, die Verzweiflung, die sie ertragen hatten, an den Hunger, die Kälte, die Schläge der Aufseher oder an die Ohnmacht gegenüber einem grausamen System, das sie entmenscht und zu Nummern gemacht hatte. Das hätte ihr oft labiles psychisches Gleichgewicht ins Wanken gebracht, sie aus der Lebensbahn geworfen, ihr Familienleben gefährdet, ihre neu gefundene berufliche Existenz bedroht.

Es war freilich kein Verschweigen, wie es in Familien von NS-Tätern und Mitläufern herrschte. Dort wollten die Väter und Mütter ihre Verstrickungen in das nationalsozialistische System oder in manchen Fällen ihre Beteiligung an Verfolgungen und Mordaktionen verbergen, wollten ungeschoren davonkommen.

Das Schweigen von Überlebenden dagegen war der Versuch, nicht immer wieder in den Strudel der bösen Erinnerungen gerissen zu werden. Andernfalls wären sie in ihrem neuen Leben gelähmt worden. Das Trauma, das faktisch jeder Überlebende erlitten hat, wäre wieder neu hervorgetreten und hätte sie vielleicht verschlungen. »Retraumatisierung« nennen Psychoanalytiker diesen Vorgang. Jetzt, nach dem Pogrom an israelischen Juden durch die Hamas, haben viele, wenn nicht die meisten der noch lebenden 245.000 Holocaust-Überlebenden, davon 14.000 in Deutschland, eine solche Retraumatisierung wiedererlebt.

In allen Fällen haben sich die einstigen Verfolgungen tief in die Körper und Seelen der Überlebenden eingebrannt. Viele haben dadurch ihr grundsätzliches Vertrauen in die Welt verloren, auch das Vertrauen in ihre Mitmenschen, von denen sie annahmen, dass sie nie richtig verstehen und nachempfinden könnten, was ein Überlebender durchgemacht hat.

Kurt Grünberg, ein Frankfurter Psychoanalytiker, der seit vielen Jahren mit Überlebenden arbeitet, berichtet von einem Patienten, der ihm gegenüber immer und immer wieder den Satz wiederholte: »Was soll ich denen erzählen?« Der Patient hatte während des Krieges drei Jahre lang in Polen in einem Versteck gelebt und kroch nur nachts aus seinem Kellerloch, um sich Essen zu beschaffen. Schließlich wurde er von polnischen Kindern aufgescheucht. Sie liefen hinter ihm her und riefen die ganze Zeit: »ein Jude, ein Jude«. Die Deutschen schnappten ihn daraufhin und verbrachten ihn in ein Konzentrationslager. Er überlebte und heiratete nach dem Krieg eine nichtjüdische Frau, die ihn umsorgte, mit der er sich aber nicht über seine Verfolgung austauschen konnte. Als er bei Grünberg in psychotherapeutischer Behandlung war, lebte er zurückgezogen und einsam. Sein Standardsatz »Was soll ich denen erzählen?« bedeutete laut Grünberg: »Niemand kann mich verstehen.« Deshalb begab er sich ins Schweigen.

Kapitel 2
Porträts

MICHEL FRIEDMAN

Kam 1956 in Paris zur Welt. 1965 übersiedelte er mit seinen Eltern nach Frankfurt am Main und studierte nach seinem Abitur Jura. Friedman ist neben seiner Tätigkeit als Anwalt und Publizist auch als Moderator tätig. Seit 2016 lehrt er als Honorarprofessor an der Frankfurt University of Applied Sciences.

DER JUDENRETTER OSKAR SCHINDLER ist Ehrengast von Michel Friedmans Bar Mitzwa in Tel Aviv gewesen. Der Grund dafür: Friedman verdankt Schindler in gewisser Weise sein Leben. »Ohne Schindler gäbe es mich nicht«, sagt der Publizist und Moderator. Denn sein Vater und seine Mutter waren Schindler-Juden, sie und die Großmutter mütterlicherseits standen auf »Schindlers Liste« und wurden damit als Arbeiter in Schindlers »Deutsche Emailwarenfabrik« in dem von den Deutschen besetzten Krakau vor der Deportation nach Auschwitz bewahrt. Als einzige ihrer Familien überlebten sie den Holocaust.

Ungefähr 1.200 Juden hatte Schindler während des Krieges vor der Gaskammer gerettet, indem er sie unter Einsatz seines Lebens in seiner Fabrik beschäftigte und für ihr Wohl sorgte, soweit dies in den damaligen schlimmen Zeiten möglich war. Weltweit bekannt wurden seine konspirativen Aktionen erst lange nach seinem Tod, nämlich 1993 durch den Film »Schindlers Liste« des Hollywood-Regisseurs Steven Spielberg.

Nach dem Krieg ist Schindler geschäftlich gescheitert, er wurde deshalb von seinen »Schindler-Juden« jahrelang in verschiedenster Weise unterstützt – auch von den Friedmans, bei denen er zuweilen zu Gast war. Michel Friedman erinnert sich an einen Mann, stark wie ein Baumstamm, mit sehr lauter Stimme. In Friedmans 2022 erschienenen Buch »Fremd« schreibt er über den Judenretter: »Dieser Mann, ein Lachen

Michel Friedman mit dem Foto seiner Eltern und ihm in der Mitte.

wie Löwengebrüll, groß wie ein Bär. Dieser Mann, der meine Familie gerettet hat. Dieser Mann, der anders war.« Schindler, so erzählt Friedman, sei im Nachkriegsdeutschland oft als »Judenfreund« beschimpft worden. Tatsächlich ist er eine Bedrohung gewesen für jene, die zu ihrer Verteidigung immer gesagt hätten, man habe ohnehin nichts gegen die Nazis unternehmen können, glaubt Friedman. Hinter dieser Verweigerung habe sich ein Selbstbetrug der Deutschen verborgen, der bis weit in die achtziger Jahre angedauert habe.

Für seine Eltern sei die Existenz Schindlers ein Grund dafür gewesen, nicht völlig an der Menschheit zu verzweifeln: »Schindler hat uns gezeigt, was ein Mensch ist.« Auch er selbst, so bekennt Michel Friedman, hat dieses Judenretters wegen ein Grundvertrauen in die Menschen behalten. Schindlers Taten seien für ihn bis heute eine Antriebsfeder sich einzumischen, wenn immer Unrecht geschehe.

Es ist deshalb nur konsequent, dass sich Friedman dafür eingesetzt hat, den Platz vor dem Frankfurter Hauptbahnhof – dort hatte Oskar Schindler von 1965 bis 1974 in einer Einzimmerwohnung gelebt – nach dem Judenretter und seiner Frau »Emilie-und-Oskar-Schindler-Platz« zu benennen. Nach langem Kampf siegten schließlich Friedman und seine Mitstreiter, der Ortsbeirat und die Stadt stimmten der geforderten Namensgebung zu.

Seine Eltern, so erinnert sich Friedman, hatten Schuldgefühle, weil sie überlebt hatten. Sie hätten ihm immer gesagt: »Du bist der Sinn des Lebens.« Weil sie ihn hätten, habe sich das Überleben gelohnt. Das alles hat den jungen Friedman völlig überfordert. Sein Buch »Fremd« beginnt denn auch mit dem Satz: »Ich bin auf einem Friedhof geboren.« Seine Mutter, sein Vater, seine Großmutter seien Trauernde gewesen, »Lebenstraurige«. Er dagegen sei ihr Lächeln gewesen. »Wie bringe ich euch zum Lächeln, zum Leben?« Diese Frage habe sich für ihn als Kind immer gestellt. »Ein Kind sollte das nicht sollen«, schreibt Friedman. Es sollte vielmehr von seinen Eltern zum Glück getragen werden. Doch das ging in seinem Falle nicht: »Pech gehabt.«

Und dann zogen seine Eltern auch noch von Paris in das »Land der Mörder«, nach Deutschland, nach Frankfurt. Warum? Friedman hat von seinen Eltern nie eine Antwort darauf bekommen. Nicht einmal ausgewichen seien sie: »Keine Lügen, keine Märchengeschichten, nur Schweigen.«

Seine Mutter war 16 Jahre alt, als sie ins Krakauer Ghetto eingewiesen wurde. Sie sei damals aus ihrem behüteten Leben in einer Krakauer großbourgeoisen jüdisch-polnischen Familie gerissen worden, erzählt der Sohn: »Sie wurde ein todesängstlicher Mensch und blieb es bis zu ihrem Tod.« Die Muttersprache der Eltern sei Polnisch gewesen. Nach dem Krieg in Paris mussten sie Französisch und später in Frankfurt Deutsch sprechen, beide Sprachen hätten sie nicht gut beherrscht, erinnert sich Friedman. Zudem waren sie Staatenlose mit einem UN-Flüchtlingspass, was ihre Reisen von Paris nach Frankfurt und umgekehrt komplizierte. »Mama und Papa – unsicher. Eingeschüchtert. Sie machen sich klein – unauffällig sein. ›Du musst den Mund halten‹, sagten sie mir, ›als wärst du gar nicht da‹, sagten sie«. So schildert Friedman einen der damaligen Grenzübertritte.

»Keine Lügen, keine Märchengeschichten, nur Schweigen.«

All diese Erlebnisse als Kind und Jugendlicher haben sich tief eingebrannt in Friedman, den Sohn von Shoa-Überlebenden. Die Spuren drücken sich aus in Angst. »Die Angst ist mein Lebensgefährte,« sagt Friedman, der erfolgreiche Moderator und Publizist, dessen Namen fast jeder im Land kennt. »Angst vor Ablehnung, Angst vor Gewalt, Angst vor Hass, Angst vor Hetze, Angst davor, ausgestoßen zu werden«, schreibt er in seinem Buch. »Keine Sicherheit. Bedrohung. Immer. Irgendwie.« Er ist nicht das einzige Kind von Überlebenden, auf das sich das Trauma der Eltern vererbt hat.

Die Lebensaufgabe solcher Kinder, so Friedman, bestehe darin, die Eltern glücklich und stolz zu machen. Er schildert, wie sein Vater jeden Abend die Frankfurter Allgemeine Zeitung zu lesen versuchte, obwohl er die deutsche Sprache nicht gut beherrschte. Manchmal saß der Sohn daneben und las sie ihm vor. Sein Vater lächelte stolz und sagte zu ihm: »Du hast nur eine Chance, werde klug. Lerne.« Alles könne man jemandem wegnehmen, nur nicht, was er im Kopf habe. Der Sohn hat sich daran gehalten, er hat gelernt und ist mittlerweile einer der brillantesten Köpfe im Land.

Kurz vor seinem 18. Geburtstag hat Friedman einmal auszubrechen versucht. Er verschaffte sich ein Visum nach New York, um dort seine Freiheit zu gewinnen. Als er seine Eltern mit seinen Plänen konfrontierte, sagte seine Mutter mit leiser Stimme: »Willst du uns umbringen.« Der Sohn zerriss das Visum, er blieb und wurde Deutscher mit einem Personalausweis und einem deutschen Reisepass. In seinen jüngeren Jahren war es für Friedman klar, dass er Deutschland verlassen werde, wenn eine rechtsradikale Partei, in diesem Fall die NPD, in den Bundestag gelangen würde. Jetzt sitzt die rechtsradikale AfD nicht nur im Bundestag, sondern auch überall in den Landtagen – und Friedman lebt immer noch in Deutschland. Allerdings in demokratisch-kämpferischer Haltung. Anfang 2024, während der bundesweiten Demonstrationen für Demokratie, eilte er als gefragter Redner von einer Kundgebung zur nächsten, nahm an immer neuen Veranstaltungen teil, um seine Zuhörer vor der immer stärker werdenden AfD zu warnen und für einen verantwortungsvollen Parlamentarismus zu werben. Es schien, als habe Friedman in diesen Wochen noch einmal eine neue Lebensaufgabe gefunden – getrieben zweifellos von seinem Schicksal als Kind von Holocaust-Überlebenden, deren Trauma sich von Kindheit an tief in seine Seele eingebrannt hatte.

»Schindler hat uns gezeigt, was ein Mensch ist.«

Als Antwort auf die vielen gleichzeitig auftretenden Krisen vom Klima bis zum Krieg in der Ukraine, aber wahrscheinlich auch als Antwort auf seine eigenen Ängste und Zweifel hat Friedman ein Buch mit dem Titel »Schlaraffenland abgebrannt. Von der Angst vor einer neuen Zeit« verfasst. Darin warnt er vor einer Wohlstandsgesellschaft, die Freiheit und Demokratie für selbstverständlich nimmt und gleichgültig für deren

Bedrohung geworden ist. Die Deutschen müssten aufwachen, glaubt er, sich den Realitäten stellen und mit den Krisen umgehen lernen durch couragiertes Handeln, sagt er.

Für ihn, den Juden, hat sich die Lage durch den Krieg zwischen Israel und der Hamas noch zusätzlich verschärft. Er wie die anderen Juden in Europa hätten inzwischen erfahren müssen, dass sie nirgendwo sicher seien. »Es wird niemals mehr so sein wie vorher«, sagt er.

Als Reaktion auf den 7. Oktober 2023, dem Tag, als Hamas-Terroristen vom Gaza-Streifen aus in Israel eindrangen und unter den Grenzbewohnern ein Massaker mit mehr als 1.200 Toten anrichteten, hat Friedman das Buch »Judenhass« geschrieben. Dass nur verhältnismäßig wenige Deutsche danach auf die Straße gegangen und sich mit Israel sowie mit den Juden in Deutschland solidarisiert haben, traf ihn schwer. Hatten die Menschen in Deutschland nicht versprochen, dass sie zur Stelle sein würden, wenn wieder auf deutschen Straßen der Ruf »Tod den Juden!« erklinge, fragt Friedman. Dass das Versprechen nicht gehalten worden sei, habe bei ihm und vielen deutschen Juden einen tiefen Riss, eine tiefe Einsamkeit, ein tiefes Gefühl von Alleinsein hervorgerufen. Nach dem Tod der Iranerin Mahsa Amini, die im September 2022 in Polizeigewahrsam zu Tode kam, weil sie nach Meinung der Sittenwächter ihr Kopftuch nicht ordentlich getragen hatte, seien Zehntausende hierzulande aus Solidarität auf die Straße gegangen, nach dem völkerrechtswidrigen Angriff Russlands auf die Ukraine im Februar 2022 habe es in Deutschland große Kundgebungen und Demonstrationen gegen den russischen Aggressor gegeben. Noch früher, 2015, beim Angriff von islamistischen Terroristen auf die Satire-Zeitschrift Charlie Hebdo in Paris hätten die Deutschen demonstrativ großes Mitgefühl mit den Opfern gezeigt. Nicht jedoch beim Hamas-Überfall auf Israel.

Wo waren denn die Theater? Wo engagierten sich die Museen? Wo haben die Musiker, die Schriftsteller, die Intellektuellen, die Professoren ihr Mitgefühl gezeigt, fragt Friedman. Die meisten seien schlicht und einfach nicht dagewesen, als jüdische Bürger in Deutschland beleidigt, bespuckt und bedroht worden seien.

Seine Eltern, so erinnert sich Friedman, hätten in Deutschland in den 1960er Jahren große Angst gehabt, als Juden erkannt zu werden. Wenn man bedenke, dass die Mörder ihrer Familien zu dieser Zeit wieder in Wohlstand gelebt und so getan hatten, als hätten sie nichts mit Hitler, dem »Dritten Reich« und der Judenverfolgung zu tun gehabt, müsse einen die Angst seiner Eltern nicht wundern. Er selbst sei als Kind und Jugendlicher an dieser angstvollen Enge fast erstickt. Damals habe er beschlossen, dass er demonstrativ einen Davidstern tragen wolle. Und dass er sich jedem Konflikt stellen werde, der ihm darüber erwüchse. So halte er es bis heute.

Auch seine Kinder trügen den Davidstern, erzählt Friedman. Solle er jetzt, nach dem bedrohlichen Anwachsen des Antisemitismus in Deutschland, ihnen den Judenstern ausreden?, fragt er. Sollen Juden wie er seinen Namen vom Klingelschild entfernen? Soll er die Jüdische Gemeinde, wie das viele nach Beginn des Gaza-Krieges getan haben, anweisen, die Post so zu schicken, dass das Logo nicht zu sehen sei? Soll er die traditionelle jüdische Schrifttafel am Türpfosten, die Mesusa, abnehmen? Solle er sich als Jude immer mehr unsichtbar machen?

»Ich bin nicht dazu bereit«, sagt Friedman. Er werde sich nicht von Menschen, die hassen, beeinflussen lassen. Er sei nicht bereit, sich ihnen anzupassen, ihnen damit Machtfülle zu schenken, einen Teil seiner Identität wegen der gegen ihn erhobenen Drohungen aufzugeben. »Ich bin nicht bereit, dass Hass das letzte Wort hat.«

Der Judenhass treffe nicht nur die Juden, sondern alle Demokraten, warnt Friedman. Man habe es mit politischen Kräften im Lande zu tun, die gegen die Demokratie, gegen die Verfassung, gegen Menschenrechte seien. Er meint damit die Rechtsradikalen, allen voran die AfD. Aber auch radikalisierte Muslime, denen der Hass auf Juden schon während ihrer Schulzeit eingepflanzt wurde und die vom Hass auf Israel und die Juden in aller Welt geprägt sind. Zu den Judenfeinden zählt

Friedman auch Linksradikale, die unter dem Deckmantel des Antikolonialismus die Auslöschung Israels betrieben.

Doch etwas hat sich für den Sohn von Holocaust-Überlebenden mittlerweile grundlegend geändert: Früher war es für Friedman undenkbar, eine Familie zu gründen oder Kinder zu kriegen. Denn Familie war für ihn gekoppelt an seine Herkunftsfamilie, in der Tod und Leiden am Tod essenziell war. Mittlerweile hat er geheiratet und zwei Söhne gezeugt. »Ich habe jetzt endlich wieder eine Familie«, sagte er, »ich bin kein emotionaler Obdachloser mehr.«

AVIVA UND ILANA GOLDSCHMIDT

Aviva Goldschmidt wurde 1938 im polnischen Boryslaw geboren. Langjährige Leiterin des Sozialreferats der Zentralwohlfahrtsstelle der Juden in Deutschland. Ihre 1968 geborene Tochter Ilana ist Filmeditorin.

»DU DARFST NICHT WEINEN, du darfst nicht lachen, du darfst nicht sprechen!« Drei Jahre lang hat die Mutter ihrer Tochter diese Verhaltensregel immer wieder eingetrichtert. Durch ein zu lautes Geräusch hätte die kleine Aviva womöglich die Häscher auf ihr Versteck aufmerksam gemacht. Vielmehr: auf ihre Verstecke. Denn Mutter und Tochter hatten zwischen 1941 und 1944 mehrere Schlupfwinkel in und um die damals noch polnische, heute ukrainische Stadt Boryslaw bezogen.

Still sein, immer nur still sein, wochen-, monatelang. Dazu der Hunger. Und die dauernde Angst, entdeckt zu werden. Was richtet das in der Seele eines kleinen Mädchens an? Noch lange nach ihrer und der Befreiung ihrer Mutter im Sommer 1944 durch Soldaten der Roten Armee konnte Aviva Goldschmidt, die damals noch Aviva Tuch hieß, nur flüstern. So sehr hatte sie verinnerlicht, dass ein einziges Wort, ein einziger Laut ihren Tod und den ihrer Mutter bedeuten könnte. Gewiss war Aviva Goldschmidt nach der Odyssee traumatisiert und natürlich wurde auch sie in ihrem späteren Leben immer wieder einmal von schlimmen Erinnerungen gepeinigt. Jetzt im Alter, Aviva Goldschmidt ist nun 86, kehren im Traum die schrecklichen Bilder häufiger zurück als früher. Trotzdem ist sie seelisch gesund geblieben. Warum? Weil sie damals, in den Verstecken, immer die Nähe ihrer Mutter gespürt habe, sagt sie.

Von Sprachlosigkeit kann längst keine Rede mehr sein. Ihre Mutter, so sagt Tochter Ilana, habe immer ihren Mund

Aviva Goldschmidt mit Enkel Elias und Tochter Ilana Goldschmidt.

aufgemacht: »Mama hat immer gesagt, was sie meinte.« 2020 verfassten Mutter und Tochter eine Videobotschaft an Mark Zuckerberg, den Gründer von Facebook. Darin forderten sie diesen in bewegenden Worten auf, Botschaften, in denen der Holocaust geleugnet wird, von seiner Plattform zu entfernen. Und tatsächlich: Facebook änderte seine Richtlinien: Nun sollen alle Einträge, die den Mord an den Juden leugnen oder kleinreden, gelöscht werden – weltweit.

Aviva Goldschmidt kann längst auch über ihr Überleben im Versteck damals in Boryslaw erzählen. Das war nicht immer so. Lange hat sie geschwiegen über ihre Holocaust-Erlebnisse, auch Tochter Ilana gegenüber. Ilana ahnte, dass ihr Vater und auch ihre Mutter eine besondere Lebensgeschichte hinter sich hatten. Als sie mit zwölf Jahren heimlich das für sie verbotene Buch »Der gelbe Stern« aus dem Bücherregal der Eltern entlieh und Dokumente über den von den Deutschen begangenen großen Mord an den Juden zu Gesicht bekam, wurde die Ahnung zur Gewissheit: Die Eltern waren Holocaust-Überlebende.

Gefragt hat sie trotzdem nicht. Sie wollte den Vater und die Mutter schonen. Und umgekehrt die Eltern Ilana und ihre ältere Schwester. So waren denn in der Familie Goldschmidt die Erlebnisse Avivas und ihrer Mutter in den Verstecken in Boryslaw sowie das Aufwachsen von Ilanas Vater in der Mongolei, wohin seine Familie vor den Nazis geflüchtet war, Tabuthemen. Avivas Mutter habe hingegen durchaus von der Shoa und ihren Erlebnissen erzählen wollen, erinnert sich Aviva selbst. Doch niemand wollte damals solche Geschichten hören – auch sie, die Tochter, nicht. Erst mit dem Eichmann-Prozess 1961 sei langsam das Schweigen aufgebrochen. Der große Durchbruch kam schließlich mit dem Film »Schindlers Liste« und der Gründung der Shoa Foundation 1994 durch den Regisseur Steven Spielberg. Diese Stiftung begann damals mit dem Projekt, so viele Holocaust-Überlebende wie möglich vor der Videokamera nach ihrem Schicksal zu befragen.

Heute gehört die Shoa Foundation zur University of Southern California und firmiert unter dem Namen USC Shoa Foundation. Insgesamt wurden bisher mehr als 50.000 Personen aus über 50 Ländern und 30 Sprachen interviewt, darunter fast 1.000 in deutscher Sprache. Mit diesem Projekt soll die heute tendenziell audiovisuell orientierte Jugend einen Zugang zur Geschichte des Holocaust und neuerer Völkermorde wie dem in Ruanda ermöglicht werden. Die jungen Leute sollen Toleranz lernen und für die Bedeutung der Menschenrechte sensibilisiert werden. In Deutschland stellt die Freie Universität Berlin das Material unentgeltlich Studierenden und Forschern online zur Verfügung, Interessierte können als Besucher Zugang zu der Sammlung bekommen, allerdings nur im Multimediaraum der Universitätsbibliothek nach Anmeldung.

»Du darfst nicht weinen, du darfst nicht lachen, du darfst nicht sprechen!«

Aviva Goldschmidt und ihr Mann haben damals einem Interview für die Shoa Foundation zugestimmt. Zwei Tage dauerten die Aufnahmen, Tochter Ilana saß daneben und erfuhr zum ersten Mal die wahre und ganze Geschichte ihrer Mutter und ihres Vaters. Warum Aviva Goldschmidt zu einem Interview bereit war? »Wir fühlten uns von den Spielberg-Leuten ernst genommen«, antwortet sie. Zuvor habe sich niemand richtig für ihr Verfolgungsschicksal interessiert. Nun endlich konnte Aviva Goldschmidt sich alles von der Seele reden, was sie Jahrzehnte lang für sich behalten oder gegenüber den Kindern oder Freunden und Bekannten nur angedeutet hatte. Nach dem Interview wurde sie sogar Zeitzeugin, die vielen jungen Menschen in Frankfurt und Umgebung die Augen für die Verbrechen der Nationalsozialisten und das Leiden ihrer Opfer geöffnet hat.

Der Horror begann 1941, als die Wehrmacht auch Boryslaw, ein bedeutendes Zentrum der Ölförderung in der Nähe des damals polnischen Lembergs, besetzte. Die Deutschen ließen alle Juden zum Appell antreten und selektierten sie: Die Männer wurden zur Zwangsarbeit herangezogen, Frauen, Kinder und Alte wurden auf Lastwagen in ein Vernichtungslager fortgeschafft. Avivas Mutter hatte die Tragödie kommen sehen und war mit ihrer in einem Wäschekorb versteckten Tochter durch die Hintertür ihres Hauses zu einer früheren ukrainischen Hausangestellten namens Jula gelaufen. Jula nahm die Flüchtlinge auf und versteckte sie zu Hause hinter einem Kleiderschrank. Noch heute erinnert sich Aviva an die Wärme des mütterlichen Körpers. Weil die Nachbarn redeten, verlor Jula aber nach drei Wochen die Nerven und drängte auf einen Wechsel des Verstecks.

Ein solches fand der Vater, der als Hausmeister einer Schule arbeitete, gegen Geld bei einem Ukrainer. Jetzt hausierten Mutter und Tochter unter einer Treppe. Sie hätten immer das Klacken von Schuhen gehört, wenn jemand diese Treppe benutzt habe, erinnert sich Aviva Goldschmidt. Doch auch dieses Asyl mussten ihre Mutter und sie schnell aufgeben, ihrem Schutzgeber wurde die Sache zu riskant.

Nun holte der Vater Frau und Tochter zu sich in die Schule, wo er ein Loch in die Wand geschlagen hatte, in dem sich die beiden verbergen konnten. Irgendwann ging es auch hier nicht mehr weiter, der Vater brachte sie deshalb zu jüdischen Partisanen in den Wald von Boryslaw, wo sie in provisorischen Bunkern unterkamen. Am Ende wurde das Versteck aber dann doch entdeckt – von Hunden der SS. Die deutschen Schergen verbrachten die Mutter zusammen mit Aviva in ein kleines Ghetto bei Boryslaw. Kinder sollten eigentlich deportiert werden, doch der Aufseher drückte ein Auge zu und so konnte Aviva heimlich dort wohnen, während ihre Mutter bei ihren Einsätzen als Zwangsarbeiterin außer Haus war.

Irgendwann traf die schlimme Nachricht ein, dass ihr Vater auf der Straße erschossen worden sei. Die näheren Umstände weiß Aviva Goldschmidt bis heute nicht. In dieser schrecklichen Situation übernahm Avivas Halbbruder Josef, genannt Jossi, aus der ersten Ehe der Mutter die Versorgung. Er war gerade einmal 17 Jahre alt. Knapp drei Wochen vor dem Eintreffen der Roten Armee wurde Jossi bei dem Versuch, aus Boryslaw zu flüchten, vor dem Bahnhof von den Deutschen erschossen.

Aviva dagegen wurde von ihrer klugen Mutter wieder gerettet. Als sich die Anzeichen mehrten, dass die Deutschen das kleine Ghetto räumen wollten, verkleidete die Mutter sich als ukrainische Bäuerin und wurde zusammen mit Aviva vom Wachposten am Eingang durchgelassen. Sie versteckten sich ein paar Tage in einer großen Betonröhre nahe des Ghettos, bis sie schließlich von den Russen befreit wurden. Nach der Befreiung fand die Mutter einen neuen Mann, der nun Avivas Stiefvater wurde. Ihre Familie lebte noch einige Zeit in Boryslaw, bevor sie vor den Kommunisten ins nun polnische Niederschlesien auswich und 1950 nach Israel übersiedelte. »Ich habe mich dort geschämt, weil ich polnisch sprach«, erinnert sie sich. Die Erinnerung an den Holocaust verdrängte sie und bemühte sich, möglichst schnell eine moderne israelische Jüdin zu werden. In Israel ist Aviva zur Schule gegangen und hat ihren Militärdienst absolviert, dort lernte sie ihren späteren Mann kennen, einen deutschstämmigen Juden, dessen Familie in der Mongolei überlebt hatte. Seinetwegen und seiner Eltern wegen übersiedelte sie 1958 nach Deutschland, studierte und wurde Sozialarbeiterin bei der Jüdischen Gemeinde Frankfurt und später Leiterin der jüdischen Zentralwohlfahrtsstelle bis zu ihrer Pensionierung 2001.

»Ihr habt uns nie gefragt!« So lautet die Antwort vieler Holocaust-Überlebenden, wenn ihre Kinder wissen wollen, warum sie selbst in der Familie nichts oder fast nichts über ihre Erlebnisse erzählt haben. Auch Avivas Tochter Ilana kennt sie. Doch seit den Interviews ihrer Eltern vor der Kamera der Shoa Foundation ist der Bann gebrochen, Ilana hat sogar ein paarmal ihre Mutter bei Zeitzeugen-Gesprächen begleitet. »Mein ganzes Leben ist von der Geschichte geprägt«, sagt sie, die eine Ausbildung als Cutterin gemacht hat und seit vielen Jahren als Filmeditorin arbeitet. Ilana, die schon immer einen großen nichtjüdischen Freundeskreis hatte, versteht sich gerne als Brücke zwischen der jüdischen und nichtjüdischen Welt: »Ich will die Erinnerung weitertragen.« Freilich musste sie die Erfahrung machen, dass die Empathie der Nichtjuden Grenzen hat.

Emotional besser aufgehoben fühlt sie sich letztendlich doch unter ihren jüdischen Freunden, mit denen sie ob der gemeinsamen Herkunft und Geschichte stärker auf einer Wellenlinie liegt. Alle ihre Bekannten seien fassungslos über den Holocaust, sagt Ilana. Aber sie und andere Töchter und Söhne von Holocaust-Überlebenden fühlten sich oft verletzt darüber, dass ihre nichtjüdischen Freunde die tiefe Demütigung, die auch sie als Nachfahren empfänden, nicht verstünden.

ELLI KAMINER-ZAMBERK UND JOE ZAMBERK

Elli Kaminer-Zamberk, 1955 in Israel geboren. Gruppentherapeutin. Ihr Sohn Joe ist Immobilienfachmann.

ÜBER DEN HOLOCAUST wurde in der Familie von Elli Kaminer-Zamberk nicht gesprochen. Nicht über das Ghetto in Lodz, in das die Deutschen nach der Besetzung Polens ihre Mutter Batia Kaminer, damals ein junges Mädchen, samt ihrer ganzen Familie zwangseingewiesen hatten und wo Moshe, ein Bruder von Batia Kaminer, mit sieben Jahren verhungerte. Nicht über Auschwitz, wohin die Familie später deportiert wurde, und wo mit Ausnahme von Batia und ihrer Schwester Cesia alle umgebracht wurden. Und auch nicht über die Konzentrationslager Ravensbrück und Bergen-Belsen, wohin Batia und Cesia, weil sie starke junge Frauen waren, von Auschwitz aus zum Arbeiten geschickt worden waren, um am Ende in Bergen-Belsen von den Engländern befreit zu werden.

Das alles war zu Hause kein Thema, denn die Eltern wollten ihre beiden Töchter schützen. Und doch wussten Elli und ihre ältere Schwester Ria, dass ihre Eltern seelisch verwundet waren, dass Vater und Mutter an etwas litten, was sie anfangs freilich nur ahnen konnten. Vor allem aber wussten die beiden Schwestern, dass sie, die Kinder, die Eltern schützen mussten. Später haben sie mehr von dem Leben der Eltern verstanden, erfuhren, dass Vater und Mutter Holocaust-Überlebende waren – nicht zuletzt auch über ihre Tante Cesia in Kanada, die Schwester ihrer Mutter, die mit Batia gemeinsam den Weg durch die

Elli Kaminer-Zamberk (links) herzt ihre Mutter Batia Zamberk.

Lager gegangen war, aber danach ganz anders auf das traumatische Geschehen von damals reagierte. Tante Cesia hört nie auf, über das Ghetto, über Auschwitz und Bergen-Belsen zu sprechen. »Es brach aus ihr heraus«, erzählt Elli Kaminer-Zamberk.

Ihre Mutter und Tante Cesia, die beide zum Zeitpunkt der Entstehung dieses Buches noch lebten, sind beide nach dem Ende des Zweiten Weltkrieges im DP-Lager Zeilsheim in Frankfurt gestrandet, beide haben sie dort ihre Männer kennengelernt. Den Aufenthalt in diesem DP-Lager empfand Mutter Batia als fast die schönste Zeit ihres Lebens. Auf einmal gab es genug zu essen, Kleidung und vor allem Sicherheit. Um sie herum tobte jüdisches Leben, sie und ihre Schwester waren umgeben von jungen Juden, beide verliebten sie sich.

Natürlich wollten die beiden Schwestern und ihre Männer nicht in Deutschland bleiben, dem Land der Mörder, ihr Ziel war Kanada. Tante Cesia schaffte es mit ihrem Mann dorthin, Batia und ihr Mann Josef Kaminer scheiterten dagegen beim Gesundheitstest: Vater Josef hatte ob der Entbehrungen im Lager einen Schatten auf der Lunge: Und kranke Einwanderer wollten die Kanadier nicht haben. Die Alternative war Palästina beziehungsweise das neu gegründete Israel. Doch besonders gut erging es der jungen Familie Kaminer dort nicht: Das Ehepaar bekam zwar eine Tochter, Ria, und dann noch Elli. Aber beruflich mussten Vater und Mutter hart kämpfen. Denn die Eltern hatten ja keine reguläre Schule besuchen und eine Ausbildung machen können, weil sie als Kinder nach Auschwitz deportiert worden waren. So mussten sie sich in Israel mit Arbeiten begnügen, die gerade gefragt waren oder mit denen man auch ohne große Qualifikation etwas verdienen konnte: Der Vater arbeitete auf dem Bau, die Mutter verdiente Geld als Näherin. Vor allem der Vater litt unter seiner Arbeit, das Schuften in der Gluthitze des Nahen Ostens machte ihm körperlich schwer zu schaffen.

»Mein Vater hat Auschwitz nie richtig verkraftet, er fühlte sich nie richtig befreit.«

Er, der aus einer angesehenen streng orthodoxen Familie aus Lodz stammte, war während seines Leidenswegs durch

Ghetto und Lager vom Glauben abgefallen. Wo war Gott, als sein Volk in Not war?, fragte er sich. Warum hatte er all das Schreckliche geschehen lassen? Überhaupt litt Josef Kaminer mehr als seine Frau unter den Folgen des Holocaust. »Mein Vater hat Auschwitz nie richtig verkraftet, er fühlte sich nie richtig befreit«, sagt Tochter Elli. Josef Kaminer starb denn auch früh mit 56 Jahren. Hätte er länger gelebt, hätte er möglicherweise zum Glauben zurückgefunden, sagt Elli Kaminer-Zamberk. Denn er sei von Jugend an eng mit der orthodoxen Tradition verbunden gewesen.

Die Geschichte ihrer Eltern hat die 1955 in Israel geborene Tochter Elli stark geprägt. Wie viele andere Kinder von Überlebenden war sie eng verstrickt mit ihren Eltern. Sich von der Familie abzugrenzen, ein eigenes Leben aufzubauen, sei ihr schwer gefallen, erinnert sie sich. Elli Kaminer-Zamberk hatte mit Schuldgefühlen und mit Ängsten zu kämpfen: mit Trennungsängsten und Verlassensängsten. Auch mit einer Angst vor Krankheiten, die zuweilen hypochondrische Züge annahm. Über der Familie hing immer ein Schatten, die Freude fand hier in ihrer Erinnerung keine feste Heimat.

Ihre Mutter war immer fixiert auf das Äußere ihrer Töchter, sie sollten immer hübsch aussehen, schön und gesund. Das war ganz offensichtlich ein Reflex auf ihre Situation in Auschwitz. Nur wer gut aussah, stark und gesund wirkte, wurde zu den Arbeitskommandos eingeteilt, anstatt ins Gas geschickt zu werden. Gut aussehen war überlebenswichtig – das hatte Mutter Batia verinnerlicht und gab diese Erfahrung unbewusst an ihre Töchter weiter.

Im Laufe ihres Lebens konnte sich Elli aber doch Schritt für Schritt immer stärker aus den Fesseln lösen, durch die sie durch das Familienschicksal gebunden war. Geholfen hat ihr gewiss auch das Psychologiestudium in Israel, das sie jedoch abbrach, als aus Frankfurt die Nachricht kam, der Vater sei erkrankt: Die Familie war selbstverständlich wichtiger als das private Glück. Jahrelange Selbsterfahrung und die Ausbildung zur Gruppenanalytikerin haben Elli Kaminer-Zamberk gestärkt und eine gewisse Distanz gewinnen lassen. Die Weiterbildung zur Gruppenanalytikerin machte sie in Zürich. Gleichzeitig arbeitete sie psychologisch im Frankfurter »Treffpunkt« für Überlebende und betreute Angehörige der zweiten Generation. 2013 eröffnete sie im Frankfurter Westend eine eigene gruppenanalytische Praxis.

Elli Kaminer-Zamberk, die Tochter von Überlebenden, hat wie viele andere aus der zweiten Generation das Eigene zu wenig wahrgenommen, weil sie ständig damit beschäftigt war, die Eltern zu schützen und zufriedenzustellen. Doch im Laufe der Zeit lernte sie, ihre eigenen Bedürfnisse stärker zu beachten. Sie kann jetzt Dinge für sich selbst tun und dabei Freude erleben. Die Schuldgefühle vermochte sie abzulegen oder doch zumindest ihrer bewusst zu werden und sie zu bearbeiten. »Ich habe einen Weg gefunden und finde ihn weiter«, sagt sie.

Nicht unwichtig war für Elli Kaminer-Zamberk die Besetzung der Bühne im Frankfurter Schauspielhaus während des Fassbinder-Streits 1985, um die Aufführung von Fassbinders antisemitischem Stück »Der Müll, die Stadt und der Tod« zu verhindern. Sie gehörte zu jenen Bühnenbesetzern, die mit gefälschten Eintrittskarten Einlass zur Premiere gefunden hatten und die Aufführung durch ihren Protest unterbanden. Für sie wie für viele andere jüdischen Bürger vor allem aus der zweiten Generation war das ein Wendepunkt. Zum ersten Mal traten Juden im Nachkriegsdeutschland selbstbewusst in Erscheinung und stellten sich als Kinder vor die Überlebenden, die im Fassbinder-Stück in Gestalt des reichen jüdischen Spekulanten geschmäht wurden.

2008 beschloss Elli Kaminer-Zamberk, eine Selbsthilfegruppe für Töchter und Söhne von Shoa-Überlebenden anzubieten. Schon in der ersten Gruppensitzung, so berichtet sie, wurde deutlich, wie ähnlich leidvoll viele Lebensgeschichten waren, immer wieder tauchten Themen wie Trennung, Trauer, Tod und Krankheit auf. In vielen Fällen konnten Teilnehmer zum ersten Mal Schmerzliches aussprechen. Die Gruppe, so sagt Elli Kaminer-Zamberk, entwickelte sich zu einem Gefäß, das Schmerz und Trauer fassen konnte. Das Gefühl der Heimatlosigkeit kannten alle Teilnehmer. Eine Frau gab zum Beispiel an: »Ich hatte nie einen Ort, zu dem ich gehörte. Innerhalb von Israel zogen wir oft um, und in Deutschland fühlte ich mich nie wohl.« Eine andere berichtete: »Ich war immer zerrissen – heimatlos –, fühlte mich nie wirklich zugehörig in Deutschland. Wir waren immer Fremde in diesem Land.«

Frankfurt ist der geographische Mittelpunkt der Familie Kaminer geworden. Gerne sind die Eltern von Elli Kaminer-Zamberk damals aber nicht von Israel in die Mainmetropole umgesiedelt. Die Wahl fiel auf Frankfurt, weil hier ein Cousin wohnte. Mutter Batia und Tochter Ria fuhren voraus, nach einiger Zeit folgten der Vater und Tochter Elli nach.

Sie seien Schlüsselkinder gewesen, erinnert sich Elli Kaminer-Zamberk. Die Eltern mussten sich in einer fremden Stadt eine neue Existenz aufbauen und hatten wenig Zeit für ihre Töchter. Der wirtschaftliche Aufstieg ist ihnen aber gut gelungen. Den Beginn markierte ein Imbiss am Platz der Republik, dann stiegen die Eltern ins Textil- und Immobiliengeschäft ein.

Mutter Batia war die treibende Kraft in der Familie. Ellis Sohn Joe Zamberk, der ein enges Verhältnis zu Oma Batia pflegt, bewundert sie wegen ihrer Resilienz: »Nichts kann sie umhauen.« Er weiß, dass die Großmutter wie alle Überlebenden mit einem Trauma zu kämpfen hat. Er spricht von einer tiefsitzenden Wunde, die sich unter anderem in einem Misstrauen gegen ältere deutsche Menschen ausdrückt. Und: »Sie schämt sich, dass sie in Deutschland wohnt.« Noch heute könne seine Oma nicht verstehen, wie es etwas so Schreckliches wie den deutschen Vernichtungsfeldzug gegen die Juden habe geben können. Tochter Elli Zamberk erinnert sich ihrerseits an eine Bemerkung der Mutter, wonach es keinen Holocaust gegeben hätte, hätte damals schon der Staat Israel existiert. Dass Batia Kaminer Schuldgefühle plagen, weil sie dieses Israel verlassen hat und mit ihrer Familie nach Deutschland übersiedelte, kann man leicht nachvollziehen.

»Ich habe einen Weg gefunden und finde ihn weiter.«

Zumindest wurde am Ende das Schweigen in der Familie über den Holocaust gebrochen. 2014 reiste Batia Kaminer mit ihrer Familie nach Polen, um den Nachkommen die Stätten ihres Leidens zu zeigen. Im Ghetto Lodz war es ihrer Erinnerung nach fast noch schlimmer gewesen als in Auschwitz. Die Familie von Elli Kaminer-Zamberk wurde in Lodz unter anderem mit jener Geschichte von den Zügen nach Auschwitz konfrontiert, in die viele Juden aus dem Ghetto nicht einsteigen wollten, weil sie ahnten, was ihnen dort bevorstand. Die Deutschen ließen deshalb mit Brot beladene Karren zum Ghetto rollen und versprachen Brot, wenn man die Stufe zu den Waggons hinaufsteige.

Enkel Joe Zamberk erinnert sich noch genau daran, wie seine Oma ihm in Auschwitz die Baracke zeigte, in der sie vegetieren musste, und wie sie von der Enge und Kälte dort sprach. »Für Normalmenschen ist das nicht vorstellbar«, sagt Joe Zamberk. Die Umstände, unter denen er aufwuchs, erscheinen ihm dagegen als der pure Luxus. Er hat in London seine Business Studies absolviert, in Cambridge Immobilienwirtschaft studiert, in London einen gut bezahlten Job gefunden. 2012 schickte ihn seine Firma nach Frankfurt, dort machte er sich mit 28 Jahren als Immobilienkaufmann selbständig. Seither kauft er Gewerberäume und baut sie zu Büros oder Hotels um. Dass er aus einer Familie von Holocaust-Überlebenden stammt, ist Teil seiner Identität. Doch leidet er nicht darunter. Joe Zamberk weiß, dass er als Jude von manchen Leuten angefeindet wird: »Aber ich bin nicht besonders empfindlich.« Der Antisemitismus ist für ihn einfach Teil der Welt. Joe Zamberk weiß, dass dieser nicht auszurotten ist – selbst in Ländern und Städten, in denen keine Juden wohnen.

HARRY SCHNABEL

1956 in Frankfurt am Main geboren, 2023 gestorben. Immobilienkaufmann. Mitglied des Präsidiums des Zentralrats der Juden in Deutschland.

SO FUNKTIONIERT DIE KLASSISCHE SPIRALE des Schweigens in den Familien von Holocaust-Überlebenden: Harry Schnabel, der Sohn von Leon und Sara Schnabel, geborene Spiegel, beschreibt sie knapp und präzise: »Man fragt ein erstes Mal. Die Eltern weinen. Man fragt ein zweites Mal. Wieder weinen die Eltern. Ein drittes Mal fragt man nicht mehr.«

Nur höchst selten und wenn, dann nur nebenbei, haben Schnabels Vater und Mutter über Majdanek bei Lublin gesprochen, jenes erste Konzentrations- und Vernichtungslager, das die SS im Oktober 1941 in dem von der Wehrmacht besetzten Polen zuerst für Kriegsgefangene eingerichtet hat und das sich bald in ein Lager für polnische politische Häftlinge und Juden wandelte sowie für deportierte Menschen aus der Landbevölkerung Polens und der Sowjetunion. Zuletzt diente es als Mordstätte für kranke Häftlinge aus anderen Lagern. Die Zahl der dort Ermordeten wird heute auf rund 80.000 Männer und Frauen geschätzt.

In das Lager Majdanek wurden nach dem Überfall der Wehrmacht auf Polen auch die Eltern von Harry Schnabel von den deutschen Eroberern verschleppt. Sie stammten beide aus der kleinen Stadt Rejowiec bei Lublin, wo die Deutschen nach der Besetzung die jüdischen Bewohner zuerst in ein kleines, provisorisch errichtetes Ghetto zwangen, um sie bald darauf nach Majdanek zu überführen. Anfang der neunziger Jahre hat Harry

Harry Schnabel (links) und Siegmund Freund.

Schnabel mit seiner Mutter Majdanek besucht. Bis dahin hatte sie es immer abgelehnt, noch einmal nach Polen zu reisen, denn zu stark war ihre Enttäuschung über das damals und auch nach dem Krieg oft feindselige Verhalten mancher Polen Juden gegenüber.

In Majdanek führte die Mutter den Sohn an jene Stelle, an der sie ihre Mutter und ihre kleine Schwester ein letztes Mal gesehen hatte. Die Erinnerung und der Schmerz haben damals den Damm gebrochen, den die Mutter um ihre Vergangenheit errichtet hatte. »Die Worte sind geradezu aus ihr herausgesprudelt«, erinnert sich Harry Schnabel. Majdanek, so sagte die Mutter, sei beinahe schlimmer gewesen als Auschwitz, jenes Lager, in das sie nach einem Jahr Leiden in Majdanek verbracht worden war. Denn es habe fast nichts zu essen gegeben, sie sei damals knapp dem Hungertod entgangen.

»Ja nicht auffallen.«

Auch ihr späterer Mann Leon Schnabel, den sie aus ihrem Heimatort Rejowiec kannte, ist damals von den Deutschen nach Majdanek verbracht worden, auch er überlebte dieses Lager. Doch in seinen Erinnerungen spielte Auschwitz die entscheidendere Rolle. Genauer gesagt: Auschwitz III, genannt Monowitz, gelegen am Rande der Buna-Werke, in denen der IG-Farben-Konzern von den Häftlingen synthetischen Kautschuk und Benzin aus Steinkohle herstellen ließ. Leon Schnabel beziehungsweise damals noch polnisch Sznabel musste im Kautschuk-Werk bis zur völligen Erschöpfung arbeiten. Lange hätte er das wohl nicht ausgehalten. Ein längeres Überleben war in Monowitz nur in einem Arbeitskommando möglich, in dem leichtere körperliche Arbeit verrichtet werden musste. Das war bei Leo Schnabel nicht der Fall, er war ein Todgeweihter.

Sein Retter war Siegi, Siegmund Freund, der in der Lagerküche arbeitete. Den Kontakt zu Siegi vermittelte ein Mithäftling, den Leon Schnabel aus seinem Heimatort kannte. Er bat Siegmund Freund, den erschöpften Leon Schnabel in der Küche aufzunehmen. So geschah es denn auch. »Siegmund Freund hat meinem Vater das Leben gerettet«, sagt Harry Schnabel. Denn die Arbeit dort war viel weniger erschöpfend als in der Kautschuk-Produktion. Vor allem aber: Es gab dort etwas zu essen.

Leon Schnabel wie auch seine spätere Frau Sara haben Auschwitz überlebt. Er wurde von der Roten Armee befreit. Sie musste den Umweg über das KZ Ravensbrück nehmen, von wo sie am Ende des Krieges auf einen Todesmarsch geschickt wurde. Während eines Luftangriffs der Alliierten gingen Häftlinge und Bewacher im Graben in Deckung, in dieser chaotischen Situation gelang es Sara Spiegel zu fliehen.

Wohin sollten nach ihrer Befreiung und nach dem Ende des Krieges Holocaust-Überlebende gehen? In die alte Heimat nach Polen, Ungarn die Tschechoslowakei? Oder gen Westen, in die englische, französische oder amerikanische Zone, um von dort aus nach Palästina, nach Amerika oder in ein anderes Land auszuwandern? Leon Schnabel entschied sich ebenso wie seine spätere Frau für den Westen. Sie trafen sich in dem von den Amerikanern eingerichteten Frankfurter DP-Lager in Frankfurt-Zeilsheim und wurden dort ein Paar.

Nicht im Traum haben sie sich damals vorstellen können, dass sie einmal festen Fuß in Frankfurt fassen würden. Tatsächlich hat Leon Schnabel einmal sein Glück in Amerika gesucht, doch es gelang ihm nicht, dort wirtschaftlich etwas auf die Beine zu stellen. Deshalb kehrte er nach Frankfurt zu Frau und Familie zurück – und fing ganz klein an mit einem Imbiss auf der Kaiserstraße in der Nähe des Hauptbahnhofs. Bier und Würstchen verkaufen: Dafür brauchte man keine besondere Ausbildung und kein großes Kapital. Harry Schnabel, der Drittgeborene neben einem sechs Jahre älteren Bruder und einer acht Jahre älteren, inzwischen verstorbenen Schwester, erinnert sich noch, wie er nach der Schule in dieser Imbissbude seine Hausaufgaben machte.

Der ökonomische Aufstieg kam mit dem Hotel Victoria, das Vater Schnabel mit einem jüdischen Partner an der Kaiserstraße aufmachte. Es befindet sich bis heute im Besitz der Familie. Irgendwann stiegen Leon Schnabel und sein Bruder dann ins Immobiliengeschäft ein – mit großem Erfolg. Seine Söhne Harry und Jakob führten das Unternehmen weiter, mittlerweile sind auch deren Söhne ins Geschäft eingestiegen.

Harry Schnabel wusste schon als Kind und Jugendlicher, dass seine Eltern kein normales Leben hinter sich hatten. Die Familie lebte misstrauisch gegenüber ihrer Umgebung, mehr oder weniger abgekapselt von ihrer sozialen Umwelt. Nicht einmal zur Jüdischen Gemeinde gab es richtige Kontakte, schon gar nicht zu Nichtjuden. Harry konnte keine Freunde nach Hause mitnehmen, und wenn er es tat, zeigten sich seine Eltern ablehnend. Nur einmal akzeptierte seine Mutter einen nichtjüdischen Freund: »Den mag ich«, sagte sie, »der würde dich verstecken.« Was sie damit meinte, konnte der kleine Harry nur ahnen.

Den erwachsenen Deutschen trauten die Eltern grundsätzlich nicht. Niemand konnte ja wissen, was sie während der NS-Zeit getan hatten. Nie wäre Harrys Mutter zu einem nichtjüdischen Arzt oder Rechtsanwalt gegangen. Das Misstrauen der Eltern gegen ihre deutsche Umgebung war groß. Wiewohl der Vater geschäftlich erfolgreich war, sah er sich und seine Familie noch lange auf dem Sprung zur Auswanderung. Erst als er und die anderen Familienmitglieder 1968 die deutsche Staatsbürgerschaft annahmen, war klar, dass die Schnabels in Deutschland bleiben würden. Statt eines deutschen Passes besaßen sie vorher alle ein Dokument, das sie als »heimatlose Ausländer« auswies. Nun endlich besaßen sie Papiere, mit denen man ohne Visum in Nachbarländer reisen konnte.

Einmal hat sich Harry Schnabels Vater seiner Holocaust-Vergangenheit gestellt, nämlich als Zeuge während des Majdanek-Prozesses in Düsseldorf, der Ende 1975 begann und im Sommer 1981 endete. Die Aufseherin Hermine Braunsteiner-Ryan wurde zu lebenslänglicher Haft, andere Angeklagte aber zu relativ milden Strafen verurteilt oder gar freigesprochen. Leon Schnabel kehrte schockiert nach Frankfurt zurück. Die Verteidiger der Angeklagten hatten versucht, ihn als unglaubwürdig zu verunglimpfen.

Was Sohn Harry über die Erlebnisse seines Vaters in Auschwitz-Monowitz wusste, hatte er zu einem Gutteil nicht von seinem Vater, sondern von Bekannten oder auf den zwei großen Treffen von Monowitzern nach der Jahrtausendwende in Frankfurt erfahren, an denen er teilgenommen hat. Traumatisiert, wie viele Söhne und Töchter von Holocaust-Überlebenden, fühlte sich Harry Schnabel aber nie.

Den Anschluss an die Jüdische Gemeinde Frankfurt, deren Gemeinderat Harry Schnabel seit 26 Jahren und deren Vorstand er seit 20 Jahren angehörte, fand er über den jüdischen Sportverein Makkabi, für den er viele Jahre kickte und wo er lange im Vorstand saß. Zur Teilnahme an der Gemeindearbeit hat er über Dieter Graumann gefunden, der später einige Jahre lang Präsident des Zentralrats der Juden in Deutschland war. Seine anderen Mentoren waren der einstmalige Gemeindevorsitzende Ignatz Bubis und sein Nachfolger Salomon Korn. Harry Schnabel war seit langem eine Stütze des Frankfurter Gemeindelebens, zuständig für die Gebäude, Schulen und Finanzen. Als ein Manager, der bei dem Selfmademan und Konzerngründer Claus Wisser in die Schule gegangen ist, kannte er sich mit Geld, Immobilien und Verwaltung bestens aus. Besonders stolz war Harry Schnabel darüber, dass Schüler im traditionsreichen jüdischen Philanthropin seit kurzem wieder Abitur machen können.

Von der Haltung seiner Eltern und ihrer Generation, die da lautete: »Ja nicht auffallen«, hat Harry Schnabel sich lösen können. Auch vom Misstrauen gegen Nichtjuden. Er verkörperte ein neues deutsches Judentum, das sich gegenüber seiner nichtjüdischen Umwelt geöffnet hat, wofür beispielhaft die Frankfurter Gemeinde steht. Als Präsidiumsmitglied des Zentralrats trug er sogar persönlich die Verantwortung für eines der wichtigsten Zukunftsprojekte des deutschen Judentums, nämlich den Bau und Aufbau einer Jüdischen Akademie in Frankfurt.

In einem Wort: Harry Schnabel, der weitgehend isoliert in einer Familie von Holocaust-Überlebenden aufwuchs, war angekommen. Nicht nur in der jüdischen Gemeinschaft in Deutschland, sondern auch in der Stadt Frankfurt, die ihm Heimat bedeutet.

* *Harry Schnabel ist wenige Wochen nach dem Gespräch mit dem Autor im Herbst 2023 völlig überraschend gestorben.*

RACHEL HEUBERGER

1951 in Tel Aviv in Israel geboren. Historikerin und Bibliothekarin. Leitete viele Jahre die Hebraica- und Judaica-Abteilung der Frankfurter Universitätsbibliothek.

VOR DER DEPORTATION aus dem Ghetto Lodz nach Auschwitz haben die Deutschen zuweilen an die Juden, die auf der Liste standen, eine Extraportion Brot und Marmelade ausgegeben. Sie sollten dadurch beruhigt werden. Malka Rosenfeld, die älteste von vier Geschwistern, hat ihre Schwester und die beiden Brüder damals streng ermahnt, nicht sofort alles Brot zu essen, sondern einen Teil davon aufzusparen. In Auschwitz angekommen, wurden die Geschwister bei der Selektion auf der Rampe getrennt. Nur Malka wurde nicht ins Gas geschickt. »Ich habe meinen Geschwistern nicht einmal das letzte Brot gegönnt«, hat Malka Rosenfeld später ihrer Tochter Rachel Heuberger erzählt.

Es hat lange gedauert, bis die Mutter mit ihr über dieses schreckliche Erlebnis sprechen konnte. Denn wie in vielen anderen Familien von Holocaust-Überlebenden wurde auch bei den Rosenfelds über die Vergangenheit weitgehend geschwiegen. Tochter Rachel wusste zwar, dass die Mutter und auch der Vater in Auschwitz waren. Mehr aber als ein »es war ganz schlimm« erfuhr sie von den Eltern nicht. Details, so erzählt Rachel Heuberger, habe sie lange nicht gekannt.

Ihr Schweigen brach die Mutter erst, als die Enkel sie unbefangen über ihr Leben ausfragten. »Dann fragte auch ich«, erinnert sich Rachel Heuberger, die lange die Hebraica- und Judaica-Sammlung der Universitätsbibliothek Frankfurt geleitet hat. Nun erfuhr sie, wie die aus dem polnischen Städtchen

Malka Rosenfeld und ihre Tochter Rachel Heuberger.

Wielun stammende und seit den dreißiger Jahren in Lodz lebende Familie der Mutter 1939 ins neugebildete Ghetto Lodz verbannt und wie sie im Sommer 1944 nach Auschwitz verbracht wurde. Sie habe schon in der Schlange zur Gaskammer gestanden, erzählte die Mutter, die als einzige überlebte, der Tochter. Nach diversen Zwangsarbeiter-Lagern wurde Malka Rosenfeld 1945 bei Magdeburg von der Roten Armee befreit. Von Italien aus fuhr sie 1946 mit einem Schiff in Richtung Palästina, doch wollten die englische Mandatsverwaltung die jüdischen Auswanderer nicht einreisen lassen. Erst nach einem dreitägigen Hungerstreik durften sie und die anderen an Land gehen. Im späteren Israel traf Malka Rosenfeld ihren künftigen Mann, der ein ähnliches Schicksal teilte.

Tochter Rachel wurde 1951 noch in Israel geboren. Aufgewachsen ist sie in Frankfurt, wohin die Eltern bald übergesiedelt waren und wo sie viele Jahre lang die koschere Metzgerei an der Liebigstraße in der Nähe der Synagoge im Westend betrieben. »Wir zählten zu jenen jüdischen Familien, die immer auf gepackten Koffern saßen«, sagt Rachel Heuberger. Sie ging 1970 nach Israel zurück, studierte dort und wurde Lehrerin. Nach Deutschland zurück kam sie vor allem wegen ihres Mannes, der eine Stelle an der Hochschule für Jüdische Studien in Heidelberg erhielt und später Gründungsdirektor des Jüdischen Museums in Frankfurt wurde.

»Wir zählten zu jenen jüdischen Familien, die immer auf gepackten Koffern saßen.«

Sie selbst übernahm 1991 in der Stadt- und Universitätsbibliothek die Betreuung der dortigen Judaica- und Hebraica-Sammlung. Ausgerechnet der damalige Frankfurter Nazi-Oberbürgermeister Friedrich Krebs hatte die berühmte Sammlung des lange in Frankfurt wirkenden Historikers und Bibliothekars Aron Freimann vor der Zerstörung gerettet. Es gelang Krebs nicht zuletzt unter Hinweis auf die einzigartigen Bestände an Literatur zum Judentum, die Sammlung aus der Stadtbibliothek in das von den Nazis gegründete »Institut zur Erforschung der Judenfrage« transferieren zu lassen. In diesem Institut an der Bockenheimer Landstraße in Frankfurt sollte von den deutschen Rassewissenschaftlern der jüdische Feind erforscht und seine rassistische Unterlegenheit dokumentiert werden. Die Hebraica-Sammlung Freimanns verbrannte allerdings weitgehend während eines Luftangriffs der Alliierten im März 1944. Den Krieg überstanden hat aber seine Judaica-Sammlung mit Literatur zum Judentum in lateinischer oder kyrillischer Schrift, denn sie war zum Schutz vor Fliegerangriffen rechtzeitig an einen sicheren Ort gebracht worden.

Nach dem Holocaust glaubte niemand mehr an eine Zukunft für jüdisches Leben und Kultur in Deutschland und so gab die in der amerikanischen Zone gegründete neue Institution Jewish Cultural Reconstruction gerettete Hebraica und Judaica aus der gesamten Zone entweder an die Altbesitzer zurück oder verteilte sie an Bibliotheken in Amerika und Palästina.

Auch Frankfurt mit seiner jahrhundertealten jüdischen Gemeinde hatte das Judentum und die Jüdische Gemeinde nach dem Krieg mehr oder weniger abgeschrieben. Die Stadt- und Universitätsbibliothek gab im Tausch einige hebräische Handschriften ab, um der Stadt ein zentral gelegenes Grundstück an der Börse zu sichern. Auch das Freie Deutsche Hochstift am Goethe-Haus ließ sich auf den Verkauf oder den Tausch berühmter hebräischer Handschriften aus dem Mittelalter ein.

Ausgerechnet Rachel Heuberger, die Tochter von Holocaust-Überlebenden, hat entscheidend dazu beigetragen, dass die damals in der Sammlung entstandenen Lücken nach und nach wieder geschlossen werden konnten. Rachel Heuberger war es auch, die aus der bis Anfang der neunziger Jahre kaum wahrgenommenen Bibliothek eine der weltweit wichtigsten Spezialbibliotheken für jüdische Studien gemacht hat. Das war ihre besondere Art, sich mit dem Holocaust und der unseligen deutschen Geschichte auseinanderzusetzen.

Warum die Eltern ihr damals nichts von Auschwitz erzählt haben? Gewiss auch, weil sie die Tochter nicht verängstigen wollten. Rachel Heuberger erinnert sich zum Beispiel noch daran, dass sie als Jugendliche im Fernsehen die Berichte über den Eichmann-Prozess von 1961 nicht sehen durfte. Sie sollte geschont werden. Der entscheidende Grund für das elterliche

Schweigen war nach Ansicht Rachel Heubergers aber ein anderer: Vater und Mutter hätten sich selbst schützen wollen. »Sie wollten nicht die Büchse der Pandora öffnen«, glaubt die Tochter.

Die Eltern lebten in Deutschland, aber nicht mit den Deutschen. Kontakte hätten ihr Vater und ihre Mutter überwiegend mit Leuten aus dem kleinen Kosmos der Jüdischen Gemeinde gehabt, berichtet Rachel Heuberger. Sie selbst wurde vom Holocaust-Schicksal der Eltern von Anfang an geprägt: »Die Vergangenheit war im Hintergrund immer da.« Wenn sie zum Beispiel in der Straßenbahn gefahren sei, habe sie oft gezweifelt, ob sie ihren Sitzplatz einer älteren Person anbieten sollte: »Ich wusste ja nicht, was der Mann oder die Frau im Krieg gemacht hatten.« Noch heute werde sie sofort misstrauisch, wenn Leute ihr ungefragt erzählen, dass ihre Urgroßmutter einmal während der Nazizeit einem Juden etwas zu Essen gegeben habe oder dass der Vater oder Großvater den Nationalsozialismus innerlich abgelehnt hätten.

»Ich wusste ja nicht, was der Mann oder die Frau im Krieg gemacht hatten.«

Als Rachel Heuberger endlich angefangen hatte, wie ihre beiden Söhne ihre Mutter auszufragen, haben sie deren Erzählungen natürlicherweise bedrückt. Aber das Sprechen habe ihr auch gutgetan, sagt sie. Endlich habe sie eine emotionale Verbindung zu ihren Vorfahren aufbauen können, zu ihrer Familie mit ihrer tragischen Geschichte: »Ich konnte mich verorten.« Das Schicksal ihrer Eltern, sagt Rachel Heuberger, habe sie sensibel gemacht für Konflikte und Not in der Welt. Immer frage sie sich: »Was können wir tun?«

Ihre beiden Söhne haben die Spirale des Schweigens damals durchbrochen. Sie interessieren sich auch weiterhin für die Familiengeschichte und wüssten über das Überleben ihrer Großeltern gut Bescheid, berichtet Rachel Heuberger. Deren Trauma, so hofft sie jedenfalls, hat sich nicht in den Enkeln fortgepflanzt. Wenn Rachel Heuberger neben ihrem Ehrenamt als Vorsitzende des Gemeinderates der Jüdischen Gemeinde in Frankfurt einmal die Zeit findet, will sie die in den Arolsen

Archives gesammelten Dokumente über ihre Eltern, die sie vor langer Zeit kopiert hat, studieren, um deren Geschichte aufzuschreiben. Auf dass die nachfolgenden Generationen sich über die Familiengeschichte kundig machen können.

MAJER SZANCKOWER

1947 in Berlin geboren. Zahntechnikermeister. Verwaltet die jüdischen Friedhöfe in Frankfurt am Main.

DER VATER hat seine erste Familie in Polen verloren: seinen Bruder, seine Frau, seine Kinder. Majer Szanckower, sein Sohn aus zweiter Ehe, weiß aber nicht, wie viele Kinder es waren. Deren Namen kennt er ohnehin nicht. Denn Moszek Szanckower hat seinem Sohn Majer nie von seiner ersten Frau und ihren Kindern erzählt. Er hat überhaupt nichts erzählt. Nichts darüber, wie die Deutschen 1939 seinen Heimatort, das Städtchen Ciechów bei Breslau, besetzten, wie seine ganze Familie ums Leben kam, wie er nach einem ersten gescheiterten Versuch, der Zwangsarbeit zu entfliehen, dann doch in die Sowjetunion entkommen konnte und in der usbekischen Hauptstadt Taschkent strandete. Vater Szanckower schwieg sich sein Leben lang weitgehend aus über seine Leidensgeschichte.

Vielleicht hätte der Sohn ihn fragen sollen. Hat er aber nie getan. Der 1947 in Berlin geborene Majer Szanckower, von Beruf Verwalter der sieben jüdischen Friedhöfe in Frankfurt, kann sich bis heute nicht erklären, warum er nie den Vater drängte, ihm etwas von dessen Holocaust-Vergangenheit zu erzählen. »Ich kann mir das bis heute nicht verzeihen«, sagt er. Erst nach dem Tod des Vaters hat Majer Szanckower zu recherchieren begonnen. Wer waren seine Großeltern? Leben noch Verwandte? Wie viele wurden von den Deutschen getötet? Viel hat er nicht herausbekommen. »Ich war meistens zu spät«, lautete sein trauriges Resümee. Ein paar Sachen hat Majer Szanckower

Majer Szanckower mit Foto seiner Eltern
und ihrer Söhne.

bei seinen weltweiten Nachforschungen dann doch herausgefunden. In Israel etwa stieß er auf ein Erinnerungsbuch, in das frühere Bewohner des Städtchens Ciechów ihr Wissen über ihren Herkunftsort aufgeschrieben haben. Darin findet sich eine Namensliste ehemaliger Chiechówer, auf der etwa ein Dutzend Mal der Name Szanckower auftaucht. Einige von ihnen dürften Opfer einer Erschießungsaktion der Deutschen in der Burg des Städtchens gewesen sein, andere wie etwa ein Bruder des Vaters kamen wahrscheinlich in Auschwitz ums Leben. Immerhin konnte Majer Szanckower den Geburtseintrag seines Vaters ausfindig machen und erfuhr darüber die Namen seiner Großeltern väterlicherseits.

»Wir kamen als Leergut zurück.«

Vom Schicksal seiner Mutter weiß Majer Szanckower ebenfalls wenig. Auch sie sprach äußerst ungern über ihr Überleben im Holocaust. Menicha Gamir stammte aus der moldawischen Hauptstadt Chișinău und wurde mit neun Jahren Vollwaise. Sie heiratete und gebar einen Sohn, mit dem sie als bedrohte Jüdin ebenfalls vor den Deutschen in die Sowjetunion floh – zu Fuß bis nach Taschkent. Dort herrschte großer Hunger und Menicha Gamir wusste nicht, wie sie ihren kleinen Leo ernähren sollte. Deshalb gab sie ihn in ein Waisenhaus. Die Verwaltung durfte allerdings nicht wissen, dass Leo noch eine Mutter hatte. Sie konnte ihn deshalb nicht besuchen, sondern ihn nur manchmal heimlich im Garten des Heims beobachten.

In Taschkent traf sie Moszek Szanckower, die beiden Flüchtlinge taten sich zusammen und wurden ein Ehepaar. Ende 1944, als der Krieg in Polen schon beendet war, reisten die beiden mit Leo, den Moszek Szanckower gegenüber der Waisenhaus-Verwaltung als seinen Sohn ausgab, nach Polen. Doch das Städtchen Ciechów war zerstört, die Straße mit Grabsteinen aus dem verwüsteten Friedhof gepflastert. Für die Szanckower' gab es keinen Grund mehr, sich hier niederzulassen. Und als es dann noch 1946 zu dem Pogrom in Kielce kam, bei dem etwa 40 Juden ermordet wurden, wussten die Szanckowers wie viele andere aus den NS-Lagern befreite Juden, dass es für sie in

Polen keine Zukunft gab. Mithilfe jüdischer Fluchthelfer gelangte die Familie über Stettin nach Berlin, wo sie in einem sogenannten DP-Lager, einem Lager für Displaced Persons, unterkamen. Im November 1947 kam Majer Szanckower dort im St. Josefs-Krankenhaus in Tempelhof zur Welt.

Mit der sowjetischen Blockade Berlins flogen die amerikanischen Rosinenbomber die Stadt mit Lebensmitteln, Brennstoff und anderen Gütern an Bord an. »Wir kamen als Leergut zurück«, sagt Szanckower, dessen Familie nach Westdeutschland ausgeflogen wurde und zuerst in einem DP-Lager bei Augsburg, dann im Lager Föhrenwald bei Wolfratshausen in Oberbayern unterkam. In Föhrenwald lebten versprengte Juden aus Lagern und Ghettos als autarke Gemeinschaft wie einem »Schtetl«, zu dem Deutsche keinen Zutritt hatten. Sie alle warteten auf eine Ausreisemöglichkeit nach Palästina, Amerika oder anderswo hin. Aus Deutschland herauszukommen, war ihr sehnlichster Wunsch.

Auch die Szanckowers wollten so schnell wie möglich weg, doch kein Land wollte ihnen ein Visum geben, weil bei der Mutter ein Verdacht auf Tuberkulose bestand und auch bei Sohn Leo irgendetwas mit der Lunge nicht in Ordnung war. Also mussten sie in Föhrenwald bleiben: Der seelisch zerbrochene und verbitterte Vater, der Schuhmacher gelernt hatte, aber nie regulär Arbeit fand; die ebenfalls psychisch gedemütigte Mutter; die zwei Halbbrüder Majer und Leo, die vom Vater nie richtig als Söhne angenommen wurden. Es hat viele gebrochene Überlebende in Föhrenwald gegeben, die Wunden, die der Holocaust geschlagen hatte, vernarbten bei vielen nur langsam oder manchmal überhaupt nicht. Die große Hoffnung der entwurzelten Väter und Mütter in Föhrenwald waren die Kinder. Ihnen, so erinnert sich Majer Szanckower, wurde alles erlaubt, denn sie waren der Schatz des »Schtetls«.

Wiewohl ihr Mann nicht erbaut darüber war, hielt die Mutter immer zu Leo, der bald ein eigenes Zimmer bezog, weil es mit dem Vater dauernd Krach gab. »Meine Mutter lebte nur für ihre Kinder«, erinnert sich Majer Szanckower. Sie hatte nie eine Schule besucht und war Analphabetin, doch zäh und lebensklug genug, um sich im Alltag, auch dem bürokratischen, zurechtzufinden. Als Föhrenwald Ende der fünfziger Jahre als DP-Lager aufgelöst wurde, kam die Familie nach Frankfurt, wo die Stadt an der Waldschmidtstraße eigens zwei Wohnhäuser für Föhrenwälder hatte errichten lassen. »Wir waren Exoten«, sagt Majer Szanckower. Er ging auf die Linnéschule im Nordend und machte danach eine Ausbildung als Zahntechniker. Ein Frankfurter Akzent in seinem Deutsch ist unverkennbar, seine eigentliche Muttersprache Jiddisch beherrscht er aber immer noch fließend. Sein Halbbruder Leo, mit dem Majer Szanckower immer ein gutes Verhältnis hatte, war gesundheitlich nicht stabil und starb verhältnismäßig früh. Er und die später verstorbenen Eltern sind auf dem Neuen Jüdischen Friedhof an der Eckenheimer Landstraße in Frankfurt begraben, den ihr Sohn Majer nun als Friedhofsverwalter hütet.

Dieser Neue Jüdische Friedhof, aber auch der von Majer Szanckower ebenfalls verwaltete Israelitische Friedhof erinnern noch an die guten Zeiten, da in Frankfurt Juden tragende Stützen der bürgerlichen Gesellschaft waren und als Kapitäne der chemischen Industrie wie etwa die Weinbergs, als Bankiers wie die Rothschilds oder Goldschmidts oder als Mäzene wie Richard Merton, der Mitgründer der Universität, die Stadt groß und wohlhabend machten. Der Neue Jüdische Friedhof wurde von Stadtbaumeister Fritz Nathan 1928 in einer schlichten Bauweise im Stil des damaligen neusachlichen Baudezernenten Ernst May errichtet. Niemand hätte sich damals vorstellen können, dass ein Jahrzehnt später die Juden aus der Stadtgesellschaft ausgeschlossen sein würden, von den Deportationen und der Ermordung im Osten ganz zu schweigen. Entlang der Hauptachse des Friedhofs liegen heute etwa 800 Grabstätten von Frankfurter Juden, die sich ihrer Deportation durch den Freitod entzogen haben.

» Man will doch wissen, woher man kommt.«

Als die Mutter in das Jüdische Altersheim an der Bornheimer Landwehr umgezogen war, hat Sohn Majer Szanckower sie schließlich doch noch gefragt: »Erinnerst du dich an die Flucht aus Moldau und das Leben in Taschkent?« Außer über die Episode ihres Kindes im Waisenhaus wollte sie allerdings nichts erzählen. Sie sagte: »Ich denke nicht gerne daran, es war nicht schön.« Nun sitzt Majer Szanckower auf einigen zersplitterten Informationen über seine Herkunft, wobei das Nichtwissen weit überwiegt. Doch er hört nicht auf, jeder vagen Spur nachzugehen, forscht, hört sich um, denn: »Man will doch wissen, woher man kommt.«

RICHARD UND GEORG HEUBERGER

Richard Heuberger wurde 1955 in Frankfurt geboren und arbeitete viele Jahre als Banker. Sein Bruder Georg kam 1946 in Budapest zur Welt und war Gründungsdirektor des Jüdischen Museums Frankfurt.

DIE FLUCHT VON POLEN NACH BUDAPEST hat ihnen das Leben gerettet. Dolek und Nusia Heuberger blieb das Dahinvegetieren im Krakauer Ghetto und die Deportation nach Auschwitz erspart. Auch in der ungarischen Hauptstadt hatten sie Glück und entkamen dem Massaker vom Januar 1945, als faschistische Pfeilkreuzler in Budapest 3.000 Juden erschossen und ihre Leichen in die Donau warfen. Die Heubergers konnten die Untat aus ihrem Versteck heraus sehen. Sie überlebten, wollten aber nicht in Budapest bleiben, denn sie trauten den »kommunistischen Befreiern« nicht. Über die Tschechoslowakei gelangten sie nach Deutschland, wo die ganze Familie im ersten nach dem Krieg eröffneten jüdischen Restaurant arbeitete.

Mit ihren beiden Söhnen Richard und Georg haben die Eltern lange nicht über ihren Leidensweg im Holocaust gesprochen. Der Vater und die Mutter seien traumatisiert gewesen, erinnert sich Richard, der jüngere Sohn, der in Frankfurt, dem neuen Wohnort der Familie Heuberger, vor 70 Jahren auf die Welt kam. Sie hätten ihn und seinen noch in Budapest geborenen Bruder Georg nicht mit ihren schrecklichen Erlebnissen konfrontieren wollen. Die Kinder sollten behütet und ohne Belastung durch die Vergangenheit aufwachsen. »Ich habe erst viel später die durch die traumatischen Erlebnisse geprägte Situation meiner Eltern verstanden«, sagt Richard.

Als Jugendlicher ging er damals auf ein normales Frankfurter Gymnasium und hatte in der Mehrzahl nichtjüdische

Nusia Heuberger mit ihren
Söhnen Georg (links) und Richard.

Freunde. An Kleinigkeiten merkte er, dass irgendetwas nicht stimmte. Als er mit einem »deutschen« Mädchen anbändelte, wies ihn seine Mutter darauf hin, dass deren Eltern womöglich Nazis gewesen seien.

Die Eltern selbst lebten in Frankfurt in einer Art selbstgewähltem Ghetto, in dem sie fast ausschließlich Kontakt mit jüdischen Leidens- und Glaubensgenossen pflegten. Wie fast alle nach dem Krieg hier gestrandeten Juden saßen auch sie auf gepackten Koffern und wollten Deutschland so schnell wie möglich verlassen. Doch immer kam etwas dazwischen. Erst wollten sie etwas Geld verdienen, dann kam Sohn Richard, später hieß es, er müsse noch die Schule fertig machen. Und dann war da auch noch das jüdische Restaurant, das die Eltern am Goetheplatz eröffnet hatten. Es lief gut und es wäre schade gewesen, es wieder aufzugeben. So schoben Dolek und Nusia die Auswanderung immer neu hinaus. Am Ende blieben sie, ohne jemals richtig dazuzugehören.

Der Vater hat die Vergangenheit ganz für sich behalten, die Erlebnisse hatten ihn zu einem introvertierten Menschen gemacht. Die Mutter dagegen war offener. Sie übernahm die geschäftlichen Kontakte nach außen. Zum ersten Mal hat sie ihre Holocaust-Erlebnisse vor einer Videokamera der Shoa Foundation des Regisseurs Steven Spielberg geschildert, die seit 1994 Berichte von Holocaust-Überlebenden aufnahm und dies für die Nachwelt dokumentiert. Von da an wussten auch die Söhne Georg und Richard im Detail Bescheid über das Schicksal der Eltern, die mittlerweile verstorben sind.

Haben Dolek und Nusia Heuberger ihr Trauma an die Kinder weitergegeben? »Niemand von meiner Generation ist frei von den Traumata der Eltern«, glaubt Richard, der als Banker gearbeitet hat und heute Rentner ist. »Wir sind nur oberflächlich frei.« Der jetzt fast Siebzigjährige merkt das zum Beispiel bei sich daran, dass seine engen Freunde alle Juden sind. Nicht, dass er keine deutschen Bekannten hat. Doch mit seinen jüdischen Leuten verbindet ihn mehr, nämlich eine gemeinsame Vergangenheit.

Oft hat Richard schon überlegt, warum er in Deutschland lebt, dem Land, das seine Eltern damals töten wollte. Dass er lebt, ist für ihn kein Sieg über die Nazis. Eher eine Mahnung, dass man aller Anfänge wehren müsse. »Solange es uns Juden hier gibt, so lange kann man sagen, dass die Warnung vor einem neuen Nationalsozialismus gewirkt hat.« Richard hat das Staffelholz weitergereicht. Seine beiden Töchter haben jüdisch geheiratet. Die eine lebt in Israel, die andere in Berlin.

Auch der ältere Bruder Georg, noch im Januar 1946 in Budapest geboren, hat sein Leben lang gegen neonationale und rechtsradikale Entwicklungen in Deutschland gekämpft. Zum ersten Mal geriet er als Jurastudent an der Frankfurter Goethe-Universität in einen politischen Konflikt. In einem Hauptseminar für Strafrecht protestierte er gegen die Anwesenheit eines Kommilitonen, der Vorsitzender des Nationaldemokratischen Studentenbundes war. Er könne mit einem solchen Rechtsextremisten einfach nicht gemeinsam in einem Raum zusammensitzen, sagte Georg Heuberger.

»Niemand von meiner Generation ist frei von den Traumata der Eltern.«

Später ging er nach Jerusalem, um Neuhebräisch zu lernen. Gleichzeitig studierte er Sozialwissenschaften und Jüdische Zeitgeschichte an der dortigen Hebräischen Universität. 1981 wurde er Pressereferent des Zentralrats der Juden in Deutschland und baute in dieser Zeit mit anderen die neue Hochschule für Jüdische Studien in Heidelberg auf. Wegen seiner dort erworbenen organisatorischen Erfahrungen berief ihn die Stadt Frankfurt 1985 zum Gründungsdirektor des neuen Jüdischen Museums. Mehr als zwei Jahrzehnte lang lenkte er mit hohem persönlichen Einsatz den Kurs dieses Museums. Als Sohn von Holocaust-Überlebenden war ihm die Auseinandersetzung mit der Shoa ein großes Anliegen, die von ihm 2004 initiierte Ausstellung »Und keiner hat für uns das Kaddisch gesagt« über die Deportation der Juden in Frankfurt war wegweisend in Deutschland.

Doch Georg Heuberger warnte immer davor, das Judentum in Deutschland auf das Thema Holocaust zu reduzieren. Er wies in zahlreichen Ausstellungen auf die bedeutende Rolle jüdischer Unternehmer, Stifter, Intellektueller und Künstler hin, die vor allem in Frankfurt, aber auch in Berlin und anderen deutschen Städten unendlich viel für die Entwicklung einer prosperierenden Wirtschaft von sozialen und kulturellen Institutionen und eines qualitätsvollen geistigen Lebens geleistet haben. Zudem bemühte er sich in zahlreichen Projekten um eine Geschichtsschreibung des deutschen Judentums, die der Aufklärung und der Bekämpfung antisemitischer Klischees verpflichtet war. Scin Nachfolger Raphael Gross, heute Direktor des Deutschen Historischen Museums in Berlin, nannte Georg Heuberger, der im November 2010 einer Krebserkrankung erlegen ist, eine der »zentralen Persönlichkeiten des deutschsprachigen Judentums nach 1945«.

Nach seiner Pensionierung 2006 widmete Georg Heuberger sich verstärkt einem Thema, das für Holocaust-Überlebende und ihre Familien von zentraler Bedeutung war, nämlich der Entschädigung ehemaliger jüdischer Zwangsarbeiter, die in Ghettos höchsten körperlichen Strapazen ausgesetzt waren und sich dabei in der Regel gesundheitliche Schäden zugezogen hatten. Wegen des Kalten Krieges, der sich bald nach Kriegsende entwickelte, kamen solche jüdischen Zwangsarbeiter, wenn sie jenseits des Eisernen Vorhangs in Osteuropa, Russland oder der Ukraine lebten, nicht in den Genuss von Ausgleichszahlungen des deutschen Staates.

Nicht zuletzt um diesen Menschen Gerechtigkeit zu verschaffen, hat Georg Heuberger nach seiner Pensionierung das Amt des deutschen Vertreters der Claims Conference übernommen, eines Zusammenschlusses jüdischer Organisationen, die Entschädigungsansprüche jüdischer Opfer des Nationalsozialismus vertreten. Ihren Sitz hat diese 1951 gegründete Organisation in New York, doch sie unterhält auch Repräsentanzen in Frankfurt, Wien und Tel Aviv. Die Claims Conference war an den Verhandlungen der Bundesrepublik Deutschland mit Israel beteiligt, die 1952 zum Luxemburger Abkommen führte, wonach die Bundesrepublik 3,5 Milliarden Mark als Kompensation für Verfolgung, Sklavenarbeit und geraubtes jüdisches Eigentum sich zu zahlen verpflichtete. Seither hat neben Israel auch die Claims Conference Zahlungen von Deutschland, Österreich sowie von Industrieunternehmen erhalten, um jüdische NS-Opfer zu unterstützen.

Nach der deutschen Wiedervereinigung forderten NS-Opfer aus der DDR und den osteuropäischen Staaten, die wegen des Kalten Krieges leer ausgegangen waren, ebenfalls Entschädigungszahlungen. Ihr Anwalt war die Claims Conference, die auch im Namen der Opfer Ansprüche auf arisierte Besitztümer in der DDR erhob. Bis dahin hatte der ostdeutsche Staat sich geweigert, Rückerstattungen und Entschädigungen zu leisten, weil er sich nicht als Nachfolgestaat des Deutschen Reiches sah. Georg Heuberger war nach seinem Eintritt in die Claims Conference als deren deutscher Vertreter ein wichtiger Verhandlungspartner bei den Gesprächen mit der Bundesregierung. Die Entschädigung vor allem der osteuropäischen und sowjetischen Zwangsarbeiter war ihm – dessen Eltern zeitweise in einem Ghetto in Polen hatten schuften müssen – ein Herzensanliegen. Er hat viel für diese Menschen erreicht.

Heuberger war ein zurückhaltender und bedächtiger Mann, aber dennoch ein unermüdlicher Streiter für die Sache der Holocaust-Überlebenden. Er wollte Gerechtigkeit. Seine Energie und seine Arbeitskraft setzte er für arme Überlebende der Shoa ein, die lange nicht das Glück hatten, als Opfer anerkannt und für die ihnen gestohlene Lebenszeit, für die ihnen angetane Brutalitäten und ihre körperlichen Schäden Entschädigung zu erhalten – allein deswegen, weil sie nach dem Zweiten Weltkrieg auf der kommunistischen Seite des Eisernen Vorhangs lebten.

Erstaunlich an Georg Heubergers Engagement ist, dass er, dessen Eltern polnischer Herkunft waren und sich nie in Deutschland heimisch fühlten, sich mehr und mehr mit der Kultur des untergegangenen deutschen Judentums identifizierte und so viel wie möglich von ihr zu bewahren suchte.

JEROME KATZ

In Frankfurt geboren. Arzt.

MIT SEINEN BEIDEN SÖHNEN hat der Auschwitz-Überlebende Simon Katz über seine Qualen im Ghetto und in den Lagern nie wirklich gesprochen. Seinen Enkelkindern dagegen erzählte er, immer in abgewogenen und altersgemäßen Dosen, wie es ihm in der Hölle von Auschwitz ergangen ist. Bei der Bar Mitzwa seines Enkels Jerome zeigte Katz, mit dem 14 Jahre alten Jerome zwischen sich und seiner Frau Ida, dem Fotografen Rafael Herlich demonstrativ seinen Oberarm mit der eintätowierten KZ-Nummer. Sein Enkel und nachfolgende Generationen, so kann man diese Botschaft interpretieren, sollen wissen, dass der Opa in den nazistischen Vernichtungssturm geraten ist und ihm standgehalten hat.

Bei Autofahrten, bei Familienfeiern und anderen alltäglichen Begebenheiten erzählte der Opa Jerome und den anderen Enkeln immer mal wieder fast beiläufig Geschichten aus seinem Lagerleben. Zum Beispiel wie er in Auschwitz in der Küche Kartoffeln schälen musste, die Schalen aber nicht mitnehmen durfte. Er tat es dennoch und wurde von einem deutschen Offizier erwischt, der seinen Kopf zur Strafe in einen Wassereimer tauchte. Hätten nicht ein anderer Offizier diesem Sadisten zufällig in diesem Moment einen Auftrag zugerufen, wäre Jeromes Opa wohl ertränkt worden. Oder die Geschichte von den Hunden, die besseres Essen bekamen als die Häftlinge. Wenn die Viecher mal nicht in ihrem Käfig waren, schlich sich Katz hinein und stahl ihnen das Essen.

Ida und Simon Katz mit ihrem
Enkel Jerome bei dessen Bar Mitzwa.

Großvater Katz stammte aus Solotwyno, einer kleinen Stadt im Westen der heutigen Ukraine, die zum Königreich Ungarn gehörte und nach dem Ersten Weltkrieg der Tschechoslowakei zugeschlagen, 1939 aber wieder von Ungarn annektiert wurde. Simon Katz, der in der Familie Schia genannt wurde, beherrschte denn auch mehrere Sprachen: Ungarisch, Tschechisch, Ukrainisch und Russisch. In seiner Familie sprach man jedoch Jiddisch. Sogar später in Deutschland unterhielt sich Simon Katz mit seinem Enkel Jerome oft in dieser Sprache, wobei er Jiddisch und Jerome Deutsch sprach. Bis heute kann der Enkel diese weitgehend untergegangene Sprache der aschkenasischen Juden noch gut verstehen, zumal sein eigener Vater zu Hause auch oft Jiddisch spricht.

Großvater Schia hatte damals, als der Krieg über seine Familie hereinbrach, fünf Geschwister. Nur zwei haben die Shoa überlebt: Ein Bruder, der in der ungarischen Armee kämpfte, sowie eine Schwester, die rechtzeitig nach Palästina emigrieren konnte. Auch seine Eltern, die mit ihm in ein Ghetto in der Nähe von Solotwyno verschleppt wurden, verloren ihr Leben. Am Ende landete Simon Katz in Auschwitz, wo er am 27. Januar von sowjetischen Soldaten mehr tot als lebendig aufgefunden wurde. Weil er Typhus hatte, war er von den Wachmannschaften nicht auf einen der Todesmärsche geschickt, sondern auf einem Leichenhaufen abgelegt worden. Die sowjetischen Befreier päppelten den gerade einmal Achtzehnjährigen wieder hoch, sodass er sich in seine Heimatstadt Solotwyno durchschlagen konnte, wo er Angehörige anzutreffen hoffte.

Ähnlich ist es seiner späteren Frau Ida ergangen, die ebenfalls aus Solotwyno stammte und die Simon Katz nach seiner Rückkehr kennenlernte und heiratete. Oma Ides, wie sie von den Enkeln genannt wurde, hat nie vom Ghetto oder von Auschwitz erzählt. Sie hat, so vermutet ihr Enkel Jerome, nicht einmal mit ihrem Mann viel darüber geredet. Der Holocaust war für sie ein Leben lang ein Tabuthema. Mittlerweile weiß die Familie, dass sie von Auschwitz nach Frankfurt zum Bau der Rollbahn des Flughafens abkommandiert worden war und später wieder nach Auschwitz verbracht wurde, wo die Rote Armee sie befreite. Sprachen Jerome oder die anderen Enkelkinder sie auf diese Zeit an, reagierte sie abwehrend: »Das ist nichts für euch« oder »Das braucht ihr nicht zu wissen«.

Ihr Leben lang war Oma Ides eine tiefgläubige Jüdin, selbst der Holocaust konnte ihren Glauben nicht erschüttern. Auch in Auschwitz hielt sie die religiösen Gebote ein. Wiewohl das wenige dort ausgegebene Brot überlebensnotwendig war, aß sie es am Pessach-Fest nicht, sondern bewahrte es auf. Leider war es am Ende verschimmelt oder gestohlen worden. Bis ins hohe Alter fuhr Oma Ida am Schabbat nicht mit dem Aufzug, um dem religiösen Gesetz zu genügen.

So weit geht ihr Enkel Jerome nicht, auch wenn er die religiöse Tradition seiner Großeltern übernommen hat. Er isst aber immer koscher und hält den Schabbat und die Feiertage ein. Die Tradition ist Jerome, der Medizin studiert hat und nun als Arzt arbeitet, wichtig. Die jüdische Gemeinschaft habe dank ihrer Traditionen überlebt, sagt er. Sein Großvater war ebenfalls religiös und hielt sich an die Bräuche, wenngleich er nach dem Eindruck des Enkels Jerome nicht so tiefgläubig war wie seine Frau. Immerhin betreute er in der Frankfurter Westend-Synagoge den Raum der Ultraorthodoxen, die dort ihre Rituale pflegen.

»Das braucht ihr nicht zu wissen.«

Jerome glaubt, dass seine Großeltern nicht zuletzt dank ihrer Gläubigkeit ihr Holocaust-Trauma ertragen und ein insgesamt doch glückliches Leben führen konnten. Dass sie in Frankfurt gestrandet sind und Jerome und seine beiden Schwestern hier zur Welt kamen, war in ihrem Lebensplan nicht vorgesehen. Eigentlich ging es ihnen nach ihrer Rückkehr von Auschwitz in das nun sowjetisch-ukrainische Solotwyno gar nicht so schlecht. Simon Katz, der keine Schule hatte besuchen können und keine Ausbildung besaß, holte einiges nach, was er wegen des Holocaust versäumt hatte, und ging verschiedenen meist handwerklichen Tätigkeiten nach. Für sowjetische Verhältnisse war er erfolgreich, seine Familie besaß zum Beispiel in der näheren Umgebung die erste Waschmaschine und den ersten Fernseher.

Als sich aber in den siebziger Jahren die Grenzen der Sowjetunion für einige jüdische Bürger öffneten, verließ er mit seiner Frau und seinen beiden Söhnen das Land. Israel war ihr Ziel, doch über Ungarn und Österreich landete die Familie Katz in München und schließlich in Frankfurt – wo sie hängen blieb. Auch hier machte der Großvater schnell Karriere und wurde Beamter bei den Stadtwerken, wo er maßgeblich beim Aufbau des U-Bahn-Netzes mitwirkte. »Er baute sich in Frankfurt ein neues Leben auf«, berichtet sein Enkel Jerome. Beide, die Großmutter und der Großvater, engagierten sich in der Jüdischen Gemeinde Frankfurt: Sie begleitete Frauen in das Ritualbad, die Mikwe, er war in der Synagoge aktiv.

Die Enkelkinder waren ihr ein und alles, ihretwegen hatte sich ihr Überleben gelohnt. So jedenfalls erschien dem Enkel Jerome ihre innere Haltung. Er ist wohlbehütet in Frankfurt aufgewachsen, durchlief den jüdischen Kindergarten und die jüdische Schule bis zur 9. Klasse und machte dann Abitur an der säkularen Anna-Schmidt-Schule. Das Trauma, das seine Großeltern erlitten und am Ende weitgehend überwunden haben, hat sich ganz offensichtlich nicht an ihn weitervererbt.

Jerome wird die Geschichte seiner Großeltern einmal seinen Kindern weitererzählen, denn: »Man darf nichts vergessen.« Auch gegenüber Freunden und Schulkameraden hat Jerome nie verschwiegen, dass er aus einer Überlebenden-Familie stammt. Sie sollten wissen, dass das Menschheitsverbrechen nicht in weiter Vergangenheit liegt, sondern immer noch nahe an der Gegenwart.

Kapitel 3
Verdrängen

Verdrängen. Für Therapeuten, die Holocaust-Überlebende oder deren Kinder behandelten, war die Sache lange ganz einfach: Weil die Eltern in ihren Familien nicht über ihre Erlebnisse im Ghetto oder im Lager sprachen, hatten ihre Kinder Probleme. Das Trauma des Vaters oder der Mutter wirkte trotz oder vielleicht gerade wegen des Schweigens in den Söhnen und Töchtern und manchmal auch in den Enkelkindern weiter. Die Nachkommen litten oft an psychosozialen Problemen, ausgelöst durch die Stummheit in den Familien. Ihr Leben war bestimmt durch Vorstellungen, Bildern, Ängsten, die aus der Verfolgungswelt des Vaters, der Mutter oder beider Elternteile stammten. Der Fachbegriff lautet bis heute: transgenerationale Trauma-Tradierung. Sprich: Die Eltern vererben ihr Trauma an die Kinder und Enkel.

Der Psychoanalytiker Kurt Grünberg, der viele Überlebende behandelt hat, hält diese These indes in vielen Fällen für irreführend, sie kratzt seiner Meinung nach lediglich an der Oberfläche. In Interviews hat er Kinder von Überlebenden, die in Schweigefamilien aufwuchsen, gefragt, wann sie zum ersten Mal von der Verfolgung ihrer Eltern erfahren haben. Die Antwort vieler war verblüffend, sie lautete: »Ich wusste das immer schon.« Die Frage war nur, woher sie das wussten, obwohl die Eltern nichts erzählt hatten. Grünberg jedenfalls zog aus diesem Phänomen den Schluss, dass in vielen Fällen das Erzählen, Sprechen, die mündliche Kommunikation nicht jene dominante Rolle spielt, wie fast jeder ganz instinktiv glaubt. Er spricht vom »szenischen Erinnern der Shoa«.

Grünberg, dessen Vater KZ-Überlebender war und dessen Mutter aus einer sogenannten Mischehe stammte, hat die nonverbale Weitergabe von traumatischen Ängsten in der eigenen Familie erlebt. Dort war es immer völlig klar, dass im Essen kein Kümmel sein durfte. Der Grund: Im KZ, in dem der Vater eingesperrt war, gab es Brot mit Kümmel. Auch sein Sohn hegt eine heftige Abneigung gegen dieses Gewürz – bis heute, 20 Jahre nach dem Tod des Vaters: »Wenn ich Kümmel rieche, durchzieht es meinen ganzen Körper.« Sogar jetzt, da er diese Geschichte erzählt, bekommt er eine Gänsehaut.

Kinder von Überlebenden haben oft Szenen mit ihren Eltern erlebt, in denen deren Trauma zum Ausdruck kam: Den Vater überfällt plötzlich Angst; die Mutter zittert auf einmal; er oder sie schreit nachts auf oder gerät in Panik, wenn er eine Uniform sieht; findet nie Ruhe, weint in schönen Augenblicken oder isst bestimmte Dinge nicht. In diesen Momenten kommen verdrängte Erinnerungen an die Zeit der Verfolgung wieder hoch. Das Bewusstsein der Überlebenden hat sie als Erinnerungsfragmente abgespalten und eingekapselt. Es handelt sich dabei um einen Schutzmechanismus. Die schmerzhaften Erinnerungen sollen nicht wieder und wieder im Gedächtnis auftauchen, weil sonst die psychische Balance der Überlebenden außer Kontrolle geraten, die alltägliche Routine gefährdet würde. Doch nun kommt wegen eines aktuellen Ereignisses, eines Bildes, eines Geruchs die abgespaltene Erinnerung wieder ins Bewusstsein zurück und löst Ängste, panische Reaktionen und unverständliche Handlungen aus. Doch die Kinder von Überlebenden wissen dieses Zeichen zu deuten – ohne dass sie mit ihren Eltern darüber hätten sprechen müssen. Ähnlich unbewusst übertragen sich auch die Traumata des Vaters oder der Mutter auf sie.

Kapitel 3
Porträts

GABOR PERL UND NATHALIE FRIEDLENDER

1956 in Budapest geboren. Apotheker. Seine 1988 geborene Tochter Nathalie Friedlender arbeitet am Anne-Frank-Bildungszentrum in Frankfurt am Main.

»ICH HABE NICHTS GEFRAGT, und sie haben nichts erzählt.« So haben es Gabor Perl und seine Eltern ein Leben lang gehalten. Trotz dieses Schweigens ist es dem Sohn natürlich nicht entgangen, dass seine Eltern wie durch ein Wunder den Holocaust überlebt haben: Mutter Györgyike die Hölle von Auschwitz, Vater Istvan das berüchtigte KZ Sachsenhausen, von wo aus er nach seiner Befreiung zu Fuß zurück in seine Heimat Ungarn gelaufen ist. Unter anderem hat er sich dabei die Zehen abgefroren.

Sohn Gabor, der 1956 in Budapest auf der östlichen Seite der Donau in Pest zur Welt gekommen ist, hat als Kind und Jugendlicher gesehen, wie seine Mutter einmal in der Woche die Zehen des Vaters pedikürte. Wie ein Ritual sei das gewesen, erinnert er sich. Womöglich war diese stumme Sprache ihre Methode, von der Vergangenheit zu erzählen. Wie dem auch sei: Der Sohn ahnte früh, dass es mit seinen Eltern etwas Besonderes auf sich hatte, denn sie versuchten, ihn auf jede erdenkliche Weise vor den Gefahren der Welt zu schützen. »Ich wuchs in einem Glashaus auf«, sagt Gabor Perl. Er wurde von den Eltern lange in die Schule gebracht, auch zu Festen, selbst zum Geigespielen. Den Sohn zu schützen, war für die Eltern, die in jungen Jahren ins Lager verschleppt worden waren, oberstes Gebot. Der nach der Befreiung gewonnenen äußeren Sicherheit für Juden mochten sie innerlich nie so recht trauen.

Nach dem niedergeschlagenen ungarischen Volksaufstand gegen das kommunistische Regime 1956 hätten Gabors

Gabor Perl (2. von links) mit seinen Eltern Györgyike und Istvan Perl (Mitte) sowie mit Frau und Sohn.

Eltern nach Australien auswandern können, doch sie blieben, weil sie ihre Eltern nicht allein zurücklassen wollten. Sein Beruf als Ökonom hat Vater Istvan Perl und seine Familie 1972 nach Deutschland geführt, als Delegierter des Außenhandelsministeriums koordinierte er mit ein paar Kollegen von Frankfurt aus die Im- und Exporte zwischen Deutschland und Ungarn. 1977 packte der Vater alle noch in Ungarn lebenden Angehörigen in zwei Autos und holte sie nach Westdeutschland.

Hier, in der Mainmetropole Frankfurt, machte sein Sohn Gabor sein Abitur, studierte danach in Mainz, wurde ein erfolgreicher Apotheker. Wie seine Eltern war er sein Leben lang ganz der Zukunft zu- und der Vergangenheit abgewandt. Vor allem die Verfolgung seiner Eltern im Holocaust hielt er von seinem Denken möglichst fern. Lange hat er gezögert, sich auf ein Gespräch über die Holocaust-Verarbeitung in seiner Familie einzulassen, denn: »Ich lebe in der Gegenwart und für die Zukunft. Die Vergangenheit habe ich tabuisiert.« Aus Selbstschutz? Aus Feigheit? So fragt er sich selbst. Jedenfalls erträgt er es nicht, dass Bilder der Judenvernichtung oder Gedanken daran in seinem Bewusstsein aufflackern. Einmal wollte er mit seiner Familie in New York das Holocaust-Museum besuchen, doch er hielt es nicht aus und musste das Gebäude bald wieder verlassen.

»Ich lebe in der Gegenwart und für die Zukunft. Die Vergangenheit habe ich tabuisiert.«

Ganz ist freilich seine Strategie der Tabuisierung nicht aufgegangen. Zwar hat er nie Bücher über den Holocaust gelesen oder sich Filme darüber angeschaut. Geschweige denn hat er systematisch seine Eltern nach deren Erinnerungen befragt. »Das Nichtwissen belastet mich, aber auch das, was ich zu wissen glaube«, sagt er und spricht von einem Teufelskreis.

»Fragen Sie meine Kinder, die wissen sehr viel mehr über das Holocaust-Schicksal meiner Eltern«, rät er mir. Tatsächlich ist seine 1988 geborene Tochter Nathalie Friedlender, die mittlere von drei Kindern, besonders gut informiert über die Großeltern, vor allem über Oma Györgyike, zu der sie ein sehr enges Verhältnis hatte. Die Großmutter sei neugierig gewesen, habe immer wissen wollen, was die Enkel machten und ob sie vorankämen in der Schule und im Leben. Im Laufe der Jahre habe die Oma ihr immer wieder mal Episoden von Auschwitz erzählt. Enkelin Nathalie war auch dabei, als Györgyike Perl sich für ein Forschungsprojekt über ihr Überleben des Holocaust vor der Kamera interviewen ließ.

Der goldene Faden, der sich durch ihre Erzählungen zog, seien die »Wunder« gewesen, die ihr widerfahren seien, berichtet die Enkelin. Das größte Wunder sei für die Oma natürlich das Überleben gewesen, nicht nur ihres, sondern auch das ihrer ebenfalls nach Auschwitz deportierten Eltern. Ein anderes seien die Zeichen gewesen, die ihr Vater ihr beim morgendlichen Appell immer heimlich habe geben können. Dann war da noch dieser Jom-Kippur-Tag, als es an die Baracke klopfte, in der sie untergebracht war. Vor der Tür stand ihr Vater, der mit dem Auftrag unterwegs war, Baracken zu reinigen. Als er seine abgemagerte Tochter erkannte, zog er seine Jacke aus und gab sie ihr. Auch ihre Überführung in ein Lager einer Bombenfabrik in Tschechien erschien der Oma als ein Wunder, denn dort gab es besseres Essen und Unterkünfte als in Auschwitz.

Ihre Oma, so empfindet es die Enkelin, besaß die Gabe, fast krampfhaft immer das Positive zu sehen und das Negative schnell zu vergessen. Ob ihr Vater diese Eigenschaft womöglich von seiner Mutter übernommen hat? Nathalie Friedlender hält das durchaus für möglich. Jedenfalls lebe er nach einer ähnlichen Devise wie die Großmutter, die ungern zurückgeschaut habe. Ihre Auschwitz-Überlebenserfahrung, nämlich sich immer nach vorne zu orientieren und nicht stehenzubleiben, habe sich auch ihr Vater zum Lebensprinzip gemacht.

Eigentlich, so sagt die Enkelin, habe sie die Auschwitz-Geschichten ihrer Oma viel zu früh, nämlich schon als Kind, gehört. Deren Optimismus, dass der liebe Gott sie geschützt habe und immer noch schütze, habe ihr, der Enkelin ein Urvertrauen in die Welt gegeben. Doch habe die Oma auch Ängste an sie weitergegeben. Nathalie Friedlender berichtet von Albträumen, die sie als Kind bedrängt hätten, von Verlustängsten, mit denen sie zu kämpfen habe. Dazu passt die Aussage ihres

Vaters, er habe oft große Angst gehabt habe, seine Eltern zu verlieren. Die Enkelin ihrerseits spricht von einem transgenerationalen Trauma, also einer – meist unbewussten – Übertragung etwa von Ängsten, Trauer, Schuld oder Scham auf Töchter, Söhne, Enkel.

Die Familie Perl hat darauf mit einem engen Zusammenhalt der Familie reagiert. Ihr Vater, so erzählt Nathalie Friedlender, wüsste am liebsten immer genau, wo sich seine Kinder gerade befänden. Nicht aus Kontrollsucht, sondern aus Fürsorge. »Wir hängen fast fanatisch eng zusammen.«

Die Weitergabe von Traumata an die nächsten Generationen, ob nun in ausgeprägter oder in einer eher verdeckten Form, ist keine Einzelerfahrung von Nathalie Friedlender. Sie hat Ähnliches auch von vielen Freunden und Bekannten gehört, deren Eltern oder Großeltern während der Nazizeit ein Lager oder Ghetto überlebt hatten. »Alle meine jüdischen Freunde leben mit einer solchen Erbschaft auf dem Buckel«, sagt sie. Und alle hätten sich schon einmal gefragt, ob es richtig sei in Deutschland zu leben.

Was ist mit ihren zwei Kindern? Werden auch sie Nachwirkungen des Holocaust-Traumas spüren? »Ich will, dass sie etwas wissen«, sagt Nathalie Friedlender. Andernfalls würde ihnen etwas fehlen in ihrer Identität. Aber sie möchte den Kindern auch kein Leid mit auf den Lebensweg geben. Nathalie jedenfalls ist froh, dass sie Bescheid weiß über die Familiengeschichte. Sie hat daraus den persönlichen Schluss gezogen, dass sie etwas tun muss, damit sich die nationalsozialistischen Verbrechen nicht wiederholen können. So hat sie bei Forschungsprojekten über den Antisemitismus mitgearbeitet und koordiniert jetzt am Anne-Frank-Bildungszentrum in Frankfurt das Kompetenzzentrum Antisemitismus.

JUDITH SZEPESI UND ANITA SCHWARZ

Eva Szepesi wurde 1932 in Budapest geboren. Sie wirkt seit Jahren als Zeitzeugin an Schulen und in Vereinen. Ihre Tochter Anita Schwarz kam 1964 in Frankfurt zur Welt und betreibt das Pelzgeschäft ihrer Eltern weiter.

ZU IHREM 90. GEBURTSTAG am 29. September 2022 hat der Bundesligaverein Borussia Dortmund der Holocaust-Überlebenden Eva Szepesi eine Überraschung bereitet. Ihre Borussia-Freunde führten die Jubilarin in das Dortmunder Stadion, wo auf den Anzeigenbanden in mehreren Sprachen Glückwünsche für sie zu sehen waren. Außerdem bekam Eva Szepesi ein von allen Spielern unterschriebenes Trikot mit der Rückennummer 90 und ihrem Namen darauf. Die Verbindung zwischen dem Verein und Szepesi geht unter anderem auf eine Auschwitz-Reise zurück, die sie mit Dortmund-Fans unternommen hat.

Dort hatten Soldaten der Roten Armee am 27. Januar 1945 Eva Diamant, wie sie damals noch hieß, aufgefunden. Ein 12 Jahre altes halbverhungertes, krankes, zum Skelett abgemagertes Mädchen, das die KZ-Mannschaften nicht zum Todesmarsch in Richtung Westen gezwungen hatten, weil sie Eva schon für tot hielten. Szepesi erinnert sich noch daran, wie sich ein Rotarmist über sie beugte und anlächelte, sie danach aufhob und aus dem Lager trug: »Die menschliche Wärme in seinem Blick tat mir gut. Es war der 27. Januar 1945, und ich lebte.«

Über ihre schrecklichen Erlebnisse hat Szepesi 50 Jahre lang geschwiegen. Nicht einmal mit ihrem Mann, der als ungarischer Jude vom nazifreundlichen ungarischen Regime in ein Arbeitskommando gesteckt worden war und zu allem Elend

Eva Szepesi (Mitte) mit ihren Töchtern
Judith (links) und Anita.

noch drei Jahre nach dem Krieg in russischer Gefangenschaft verbracht hatte, hat sie sich über ihre Leiden ausgetauscht. Schon gar nicht mit ihren beiden Töchtern: Judith, 1952 in Budapest geboren, und Anita, die 1964 in Frankfurt, dem neuen Lebensort der Familie Szepesi, zur Welt kam. »Mein Mann wusste, dass ich in Auschwitz war, aber er wusste auch, dass ich darüber nicht sprechen wollte«, erzählt Szepesi – und fügt ein »leider« hinzu.

Denn heute weiß sie, dass das Verdrängen keine Lösung war. Doch Scham und Angst hatten sie damals verstummen lassen. Die Angst, dass sich die Verfolgung womöglich fortsetzen könnte, haben sie und ihren Mann sogar dazu gebracht, der älteren Tochter Judith neun Jahre zu verschweigen, dass sie Juden waren. Holocaust und Auschwitz waren, so erinnert sich Tochter Anita, Tabuthemen in der Familie – zumindest soweit sie die Eltern betrafen. »Wir wollten die Eltern nicht verletzen, und umgekehrt sie uns nicht.« Doch der Schmerz sei immer dagewesen. Mit ihren jüdischen Mitschülern und Freunden konnte sie dagegen durchaus über die Shoa sprechen, allerdings nur, solange es nicht die eigenen Eltern oder Großeltern betraf: »Über das Schicksal unserer Familien haben wir uns ausgeschwiegen.«

»Wir wollten die Eltern nicht verletzen, und umgekehrt sie uns nicht.«

Als die 1994 gegründete Shoa Foundation, die Schicksale von Überlebenden weltweit systematisch aufzeichnet, Szepesi fragte, ob sie zu einem Interview bereit sei, wies sie dieses Ansinnen noch zurück. Immerhin stimmte sie aber der Einladung der Jüdischen Gemeinde zu einer Gruppenreise nach Auschwitz zu. Dort, am 27. Januar 1995, erzählte Szepesi zum ersten Mal anderen Menschen von ihren Erlebnissen im Konzentrationslager. Ungeplant. Benjamin Bloch, der langjährige Leiter der Zentralwohlfahrtsstelle der Juden in Deutschland und damals der Reiseleiter, fragte sie im Kreis der Mitreisenden: »Frau Szepesi, wollen Sie ein bisschen erzählen?« So überrumpelt begann Eva Szepesi zu sprechen. Wie sie im Alter von elf mit einer Tante zu Fuß in die Slowakei floh, nachdem ihre Mutter sie noch einmal ganz fest an sich gedrückt hatte. Wie sie sich taubstumm stellte, um nicht aufzufallen. Wie sie, die Zwölfjährige, doch noch von den Deutschen entdeckt und nach Auschwitz gebracht wurde. Gerne hätte sie dorthin ihre Puppe mitgenommen. Es wurde ihr nicht erlaubt. Sie hatte, als sie in Auschwitz ankam, eine blaue Jacke an, die ihr die Mutter gestrickt hatte. »Ausziehen!«, befahl eine Aufseherin. Danach schnitt man ihr die Zöpfe ab, dann wurde ihr der Kopf geschoren.

Es dauerte freilich noch Jahre, bis Szepesi Zeitzeugin wurde und in Schulen, Kirchengemeinden und sogar unter Borussia-Fans ihre Geschichte erzählte – eine Anstrengung, die sie sogar noch in ihrem 90. Lebensjahr auf sich nimmt. Auch wenn jeder Auftritt die alten Wunden erneut aufreißt. Doch Szepesi sieht sich in der Pflicht gegenüber den Ermordeten: »Sie können nicht mehr erzählen.« Für sie sei das Sprechen über Auschwitz und den Holocaust nun eine Lebensaufgabe geworden.

Der mühsame Prozess der bewussten Wiedererinnerung setzte sich nach besagter Auschwitz-Reise 1995 fort in einer Schreibwerkstatt, in der Szepesi Stückchen für Stückchen ihre Geschichte niederzuschreiben versuchte. 2011 wurde daraus das Buch »Ein Mädchen allein auf der Flucht«. 2016 folgte Szepesi dem Wunsch ihrer Enkelin, zusammen mit der Familie nach Auschwitz zu fahren, um an diesem Ort ihr Trauma und das der Familienmitglieder zu verarbeiten. In einer der Baracken blätterte die Enkelin im »Buch der Ermordeten« und rief plötzlich aus: »Oma, ich habe deine Mutter gefunden.« Valery Diamant hatte damals mit Evas jüngerem Bruder Tamás über die slowakische Grenze nachkommen sollen, war aber in die Hände der Deutschen gefallen und nach Auschwitz deportiert worden. Nun endlich wusste Eva Szepesi offiziell, dass auch ihre Mutter ermordet worden war. In dem Buch fand sich auch der Name des damals sieben Jahre alten Bruders, von dem Eva Szepesi heimlich gehofft hatte, er hätte überlebt und würde irgendwann wieder auftauchen: »Ich habe viele Jahrzehnte auf meinen Bruder Támas gewartet, obwohl mein Verstand mir sagte, dass er tot sei.« Von nun an wusste sie es genau.

Nie hätte Szepesi nach ihrer Befreiung und ihrer Heirat in Budapest sich vorstellen können, dass sie einmal im Land der Mörder wohnen würde. Als ihr Mann 1954 von der ungarischen Handelsvertretung nach Frankfurt in die Import-Export-Niederlassung geschickt wurde, wollte sie zuerst nicht mitkommen. Schließlich ließ sie sich von ihrem Ehemann dazu überreden mit dem Hinweis darauf, dass die Abordnung nur für zwei Jahre vorgesehen sei. So landete die Familie in Frankfurt. Kurz vor Ablauf der zwei Jahre fuhren die Szepesis 1956 zum Urlaub nach Budapest – wo sie prompt in die ungarische Revolution gerieten. Am Ende kehrten sie nach Frankfurt zurück und blieben – wenn auch lange auf »gepackten Koffern« sitzend. Eigentlich hatten sie nach Kanada auswandern wollen, doch das Vorhaben scheiterte. Stattdessen richtete Vater Szepesi, ein gelernter Kürschner-Meister, im Westend eine kleine Pelzwerkstatt ein und gründete mit seiner Frau, die Schneiderin gelernt hatte und nun Pelze vernähte, 1971 das Geschäft »Pelze am Dornbusch«. Es besteht bis heute und wird seit 1990 von Tochter Anita geleitet, die das Kürschnerei-Handwerk von der Pike auf gelernt und einen Meisterabschluss gemacht hat.

Szepesis Töchter und abwechselnd die Enkelkinder begleiten heute die Holocaust-Überlebende zu Zeitzeugengesprächen, zu denen sie von Vereinen und Institutionen aus ganz Deutschland eingeladen wird. Sogar ein Film ist vor kurzem über sie gedreht worden, wofür sie mit dem Team an die Schauplätze ihrer Kindheit fuhr. Doch trotz all dieser Erinnerungsarbeit ist, wie Tochter Anita sagt, die Geschichte nicht zu Ende. Auch die zweite Generation leide unter einem Holocaust-Trauma, das sie von den Eltern geerbt habe. Ja, die Traumatisierung gehe zuweilen weiter bis in die dritte oder sogar vierte Generation. In ihrem Fall waren es Panikattacken, die so stark wurden, dass sie nicht einmal mehr Auto fahren konnte. Anita Schwarz, wie sie nach ihrer Heirat heißt, konnte dieses Trauma aufarbeiten. Ihr Sohn Leroy hat sich ebenfalls aktiv mit der Familiengeschichte auseinandergesetzt, indem er mit 14 Jahren einen Film über seine Oma, seine Mutter und seine Schwester Celina drehte und schnitt. »Drei Frauen, drei Generationen: Anders sein – jüdisch sein« wurde sogar von der Körber-Stiftung mit einem Preis ausgezeichnet.

Lange hatte Eva Szepesi geglaubt, ihre ganze Familie sei während der Shoa ermordet worden. Doch 77 Jahre nach ihrer Befreiung hat sie 2022 einen Teil ihrer Familie wiedergefunden, der entfernten Familie allerdings. Imre, der Sohn eines Bruders von Eva Szepesis Großvater, hatte, wie sich nun herausstellte, den Krieg bei den Partisanen in den slowakischen Wäldern überlebt. Dank eines DNA-Tests, den das Unternehmen »My Heritage« weltweit anbietet, fand sich eine verwandtschaftliche Verbindung zu den in Israel lebenden Söhnen von Imre. Szepesi und ihre Familie reisten dorthin und fanden bisher unbekannte Verwandte.

2017 wurde Szepesi für ihre Verdienste als Zeitzeugin mit dem Bundesverdienstkreuz am Bande ausgezeichnet, ein Orden, den sie mehr als verdient hat. Am 27. Februar 2024, dem Jahrestag der Befreiung von Auschwitz, den die Vereinten Nationen 2005 zum Internationalen Tag des Gedenkens an die Opfer des Holocaust ernannt haben, ist Eva Szepesi im Deutschen Bundestag aufgetreten und hat vor der versammelten Staatsführung mit dem Bundespräsidenten Frank-Walter Steinmeier an der Spitze, mit Bundeskanzler Olaf Scholz, den Ministern und Abgeordneten auf den Bänken ihre Sicht des Holocaust dargelegt. Die Shoa habe nicht mit Auschwitz begonnen, sagte sie: »Sie begann mit dem Schweigen und dem Wegschauen der Gesellschaft.«

»[Die Shoa] begann mit dem Schweigen und dem Wegschauen der Gesellschaft.«

Sie hat das damals als Kind in Budapest erlebt. 1938 seien dort die am nationalsozialistischen Deutschland orientierten Rassegesetze in Kraft getreten: »Ich durfte nicht mehr ins Schwimmbad.« Selbst von ihrer besten Freundin sei sie damals geschnitten worden. Sie erinnert sich an laute Männerstimmen in der Wohnung, wo sie im März 1944 untergekommen war. »Zusammenpacken!«, hätten die Männer geschrien. »Mitkommen!« Zuerst wurde sie in ein Sammellager gebracht, im November 1944 dann in einem Viehwaggon nach Auschwitz. »Zitternd stand ich an der Rampe.« Eine Aufseherin, eine Slowakin, habe ihr ins Ohr geflüstert, sie solle sich als Sechzehnjährige ausgeben. Sie folgte dem Rat und wurde als arbeitsfähig eingestuft.

Eva Szepesi kommt im Bundestag auch auf den 7. Oktober 2023 zu sprechen, dem Tag des Überfalls der Hamas auf Israel, dem Tag des größten Judenmassakers seit dem Holocaust. Warum an diesem Tag Frauen vergewaltigt, Kinder ermordet und Besucher eines Musikfestivals wahllos erschossen wurden? »Nur weil sie Juden waren«, sagte Eva Szepesi. Sie zeigte sich schockiert über die darauffolgende antisemitische Welle in Deutschland und den Demonstrationen für die Hamas-Mörder. »Es schmerzt mich, wenn Schüler jetzt wieder Angst haben, in die Schule zu gehen, nur weil sie Juden sind. Es schmerzt mich, wenn meine Urenkelkinder von Polizisten mit Maschinengewehren beschützt werden müssen, nur weil sie Juden sind.« Schließlich warnt sie vor den rechtsextremistischen Parteien wie etwa der AfD: »Sie dürfen nicht so stark werden, dass unsere Demokratie gefährdet wird.«

Die demokratischen Politiker haben Szepesi genau zugehört und ihre Rede mit großem Beifall bedacht. Ob auch die Wähler auf sie hören werden?

MICHAEL (MISCHA) SIMONSOHN

1951 in Hamburg geboren. Internist.

TRUDE SIMONSOHN, die 2022 im Alter von 100 Jahren gestorben ist, war in Deutschland eine der bekanntesten Zeitzeuginnen des Holocaust und gewiss die bekannteste in ihrer Wahl-Heimatstadt Frankfurt. Ganze Generationen von Frankfurter Schülern haben die Auschwitz-Überlebende bei einem ihrer Schulbesuche erlebt und waren beeindruckt von ihrem Lebensmut und ihrer Ermunterung, zu jedem Unrecht nein zu sagen. Meistens trat Simonsohn mit ihrer Freundin Irmgard Heydorn, einer sozialistischen Widerstandskämpferin aus Hamburg, vor den Klassen auf. Während Heydorn darauf hinwies, dass Opposition gegen das NS-Regime durchaus möglich war, erzählte Simonsohn von ihrer behüteten Kindheit im tschechischen Olmütz, ihrem Engagement dort in der zionistischen Jugendbewegung, ihrer Verhaftung 1942 durch die deutschen Besatzer, ihrer Einzelhaft in einem Gefängnis und ihre Überstellung ins Ghetto Theresienstadt, wo sie ihren späteren Mann Berthold Simonsohn kennenlernte.

Fast alle, die Theresienstadt überlebt haben, erinnern sich an ihre Ankunft mit Schrecken, ihnen treten wieder die Schikanen, das Ausgeliefertsein und die furchtbare Angst vor Augen. Nichts davon bei Trude Simonsohn. Als sie aus dem Zug ausstieg, blickte sie in das vertraute Gesicht eines Cousins zweiten Grades. Er brachte sie ins Ghetto. Befreundete Zionisten dort hatten erfahren, dass sie kommen werde. In Theresienstadt ging Trude Simonsohn als Erstes zu ihrer Mutter, der sie

Michael (Mischa) Simonsohn
mit seiner Mutter Trude.

vom Tod des Vaters im KZ Dachau berichten musste. Trost fand sie in ihrer Arbeit als Gruppenleiterin in einem Haus für tschechische Mädchen: »Das Beste für die Kinder«, lautete ihre Devise und die ihrer Mitstreiter. Bedrückend für alle waren die regelmäßigen Transporte nach Auschwitz, durch die Familien und auch Simonsohns Mädchengruppe immer wieder auseinandergerissen wurden. Im September 1944 stand der Name ihrer Mutter auf der Transportliste. »Ich gehe mit dir«, sagte die Tochter. »Du bleibst«, wies die Mutter das Angebot zurück. »Dein Platz ist jetzt an der Seite deines Mannes.« Dass sie ihre Mutter allein in den Tod hatte gehen lassen müssen, hat Trude Simonsohn das Herz zerrissen. Doch auch sie wurde später auf einen Transport nach Auschwitz geschickt.

Von ihrem Aufenthalt im Konzentrationslager Auschwitz konnte sie als Zeitzeugin ihren Zuhörern nur wenig erzählen. Sie erinnerte sich noch an den berüchtigten KZ-Arzt Josef Mengele, der an der Rampe die Selektion der ankommenden Juden in arbeitsfähige und zu vergasende Häftlinge vornahm, an das Kahlscheren durch die SS-Männer und das stundenlange Appellstehen. Die Erinnerung an alles andere hat Simonsohn verloren. Ihre Seele sei ohnmächtig geworden, hat sie sich diesen Gedächtnisverlust immer erklärt.

Sowohl Trude Simonsohn als auch ihr Mann Berthold haben ihrem Sohn Michael, von seinen Freunden und Bekannten nur Mischa genannt, nie von Theresienstadt und Auschwitz erzählt. Zumindest fast nie. Vater Berthold hatte dem Sohn immerhin berichtet, er habe einst auf der Rampe von Auschwitz gestanden. Seine Mutter dagegen schwieg gegenüber Mischa ein Leben lang über ihre Vergangenheit als Holocaust-Überlebende. Später sollte sie sagen: »Mein Sohn hat mich nie gefragt.« Wahrscheinlich hätte sie das aber auch gar nicht gewollt. »Was wäre gewesen, wenn ich gefragt hätte?«, sagte Michael Simonsohn 2022 auf einer symbolischen Geburtstagsfeier für die kurz zuvor verstorbene Mutter. Vermutlich hätte sie ihn abgewehrt. Seine Mutter hat ihm jedenfalls immer das Gefühl gegeben, dass man in der Familie über Theresienstadt und Auschwitz nicht reden sollte.

Dabei war Trude Simonsohn seit ihrer Befreiung bewusst, dass man als Holocaust-Überlebender seine Zeit der Entmenschlichung nicht verdrängen durfte. Ihr Mann Bertl hat es ihr gesagt, als sie sich nach Auschwitz wieder getroffen haben. »Nur wenn wir uns damit konfrontieren, was wir erlebt haben, können wir lernen, damit zu leben.« Ihr Mann habe natürlich recht gehabt, sagte Simonsohn später. Aber über die Hölle zu sprechen sei sehr schwer, selbst mit denen, die sie auch gekannt hätten, selbst und manchmal gerade mit dem eigenen Mann.

Und auch mit dem eigenen Sohn, muss man hinzufügen. Mischa sollte doch unbelastet aufwachsen, nichts von den Albträumen wissen, mit denen die Eltern zu kämpfen hatten, sich nicht verpflichtet fühlen, das Leid von Vater und Mutter mitzutragen. Ihr Sohn sei für sie und ihren Mann das Schönste und Wichtigste in ihrem neuen Leben nach dem Holocaust gewesen, hat Trude Simonsohn einmal gesagt. Doch war er auch ihr größter Anlass zur Sorge, denn in seiner Kindheit litt er unter einer schweren Krankheit. Es war unklar, ob er sie überleben würde. Geheilt wurde er von einem Spezialisten der Universität Heidelberg durch eine neue, nicht ungefährliche Therapie. Heute sagt Mischa Simonsohn, er sei danach immer von Schuldgefühlen gegenüber seinen Eltern geplagt gewesen. Weil sie ihn durch die Hartnäckigkeit auf der Suche nach dem besten Arzt und der richtigen Therapie gerettet hatten. Aber gewiss auch, weil er sich fragen musste, warum er im Gegensatz zu seinen Eltern frei und ohne Verfolgung aufwachsen konnte.

»Nur wenn wir uns damit konfrontieren, was wir erlebt haben, können wir lernen, damit zu leben.«

Nach dem Tod ihres Mannes habe dessen einstige Aufforderung zum Reden über das Grauen für sie eine neue Bedeutung bekommen, erklärte Trude Simonsohn ihre Wandlung zur Zeitzeugin. Sie war erstmals 1978 gebeten worden, Schülern der Anne-Frank-Schule in Frankfurt über ihr Schicksal zu berichten: »Ich habe nicht gewusst, ob ich das kann, aber ich ging hin und habe zum ersten Mal erzählt.« Sie müsse aber zugeben, dass sie dieses Erzählen zuerst als sehr hart empfunden habe: »Es tut weh, sich an die schlimmste Zeit seines Lebens zu erinnern.« In ihrem Fall sei es so, dass sie jedes Mal, wenn sie erzählt habe, sie die Zeit in Theresienstadt und später in Auschwitz und am Ende jene auf dem Todesmarsch noch einmal durchlebt habe.

Wer von den Überlebenden über sein Leben sprechen könne, der müsse auch darüber sprechen, glaubte Trude Simonsohn: »Das sind wir den Ermordeten schuldig.« Doch sie kenne viele Überlebende, denen es äußerst schwerfalle, über die Vergangenheit zu sprechen, manche seien dazu sogar völlig außerstande, fügte sie hinzu. Für sie selbst sei das Erzählen eine Form der Trauerarbeit gewesen: »Dadurch, dass ich mich immer wieder damit konfrontiere, muss ich nachts nicht davon träumen.«

Fragt man Mischa Simonsohn, warum Mutter und Vater mit ihm nicht über Auschwitz sprechen wollten, sagt er: »Ich sollte geschont werden.« Also wurden die Leiden der Vergangenheit in der Familie ausgeklammert. Auf keinen Fall sollte der Sohn durch das Schicksal der Eltern traumatisiert werden. »Wir müssen überleben«, lautete die Devise der Eltern. Sohn Mischa sollte normal in einer liebevollen Umgebung aufwachsen, ohne Belastungen durch die Vergangenheit.

Tatsächlich konnte Mischa Simonsohn die Last der Vergangenheit, die seine Mutter später durch ihre Arbeit als Zeitzeugin zu vermindern versuchte, weitgehend von sich fernhalten. Er studierte nach seinem Abitur am Goethe-Gymnasium in Frankfurt zuerst Sozialpädagogik und dann Medizin. Als Internist betrieb er im Frankfurter Stadtteil Gallus eine Praxis und war als Arzt standesrechtlich engagiert. Natürlich ist ihm nicht entgangen, dass seine Mutter nach dem Tod des Vaters viele Jahre lang als Zeitzeugin auftrat, es gab ja genug Berichte in Funk und Fernsehen über Trude Simonsohn. Vor allem, nachdem Frankfurt seine Mutter zur Ehrenbürgerin ernannt hatte. Vermutlich war es eine Art Selbstschutz, dass Mischa Simonsohn die öffentliche Aufmerksamkeit, die seiner Mutter zuteilwurde, nicht oder nur verkürzt wahrnehmen wollte.

Erst nach dem Tod der Mutter beschäftigte er sich eingehend mit deren Schicksal. Bei der Feier zum symbolischen

101. Geburtstag im Bildungszentrum Anne Frank in Frankfurt erzählte er zum ersten Mal ausführlich vor den versammelten Freunden seiner Mutter von den Eltern und den Traumata in den Familien. Das war ein mutiger Akt, der ihm sichtlich viel Kraft abverlangt hat. Es bleibt zu hoffen, dass sein Sohn David aus dem Zirkel des Schweigens und der Traumatisierung herausfindet.

Kapitel 4

Trauma der Kinder und Enkel

Trauma der Kinder und Enkel. Nicht alle Kinder von Holocaust-Überlebenden haben das Trauma ihrer Mutter oder ihres Vaters geerbt. Manche leben psychisch weitgehend unbeschwert, andere leiden dagegen unter der Last der Familienvergangenheit. Die Untersuchungen der vergangenen Jahrzehnte weisen aber darauf hin, dass die Nachkommen von Überlebenden besonders gefährdet sind, mit emotionalen Problemen kämpfen zu müssen. Nachkommen – das sind nicht nur die Töchter und Söhne, verallgemeinernd gesagt: die zweite Generation. Zuweilen geben die Kinder von Überlebenden ihr vererbtes Trauma an ihre Kinder weiter, also an die dritte Generation.

Die israelische Psychoanalytikerin Ilany Kogan beschreibt in ihrem Buch »Der stumme Schrei der Kinder. Die zweite Generation der Holocaust-Opfer« unter anderem einen Fall, bei dem das Trauma der Überlebenden sich bis zur dritten Generation übertrug. In jeder Generation zeigte sich, dass die Mutter Gefühle der Depression und der Schuld auf ihre Tochter projizierte, wodurch diese wegen ihrer Identifikation mit ihrer Mutter nicht in der Lage war, sich als eigenständige Person zu erkennen und zu erleben. In einem anderen Fall berichtet Kogan über eine Patientin aus der Kohorte der zweiten Generation, die größte Schwierigkeiten hatte, die Fähigkeit zu entwickeln, sich zu verlieben und zu lieben.

Nicht jeder ist dazu in der Lage, über die Last der Familienerbschaft so offen, ehrlich und klar zu sprechen oder zu schreiben wie der Publizist und kritische Intellektuelle Michel Friedman oder der Schriftsteller und Drehbuchautor Michel Bergmann. Denn über seine eigene psychische Befindlichkeit, besonders wenn sie leidvolle Züge trägt, redet man in der Regel nicht besonders gern. Wir danken deshalb allen Gesprächspartnern, dass sie uns das Vertrauen geschenkt haben, über familiäre und vertrauliche Dinge zu sprechen.

Kapitel 4
Porträts

MICHEL BERGMANN

Schweizerisch-deutscher Regisseur, Filmproduzent, Journalist und Schriftsteller. 1945 in Basel geboren.

NEIN, SEINE MUTTER HAT NICHT GESCHWIEGEN. Im Gegenteil, Charlotte Bergmann, die Mutter des Schriftstellers, Drehbuchautors und Filmemachers Michel Bergmann, ließ den Sohn, aber auch alle in ihrer Umgebung wissen, was sie während der Jahre der NS-Herrschaft hatte erleiden müssen. Zuweilen in fast aggressiver Weise. Wenn sie zum Beispiel mit ihrem zweiten Mann, einem Auschwitz-Überlebenden, in Gesellschaft war, konnte es schon mal vorkommen, dass sie den Gatten aufforderte, seinen Hemdärmel aufzurollen, damit alle die eintätowierte KZ-Nummer sehen konnten.

Bergmanns Mutter hat sich nichts gefallen lassen. »Sie haben mich lange genug getreten, jetzt trete ich«, lautete einer ihrer Sätze. Wer ihr dumm kam, musste sich schwer in Acht nehmen. Als einmal ein Mann in der Straßenbahn über Juden schimpfte, zog sie an der Klingelschnur, sodass die Tram stoppte. »So, hier steigst du aus, du Stück Dreck« fauchte Charlotte den Mann an, der tatsächlich mit hochrotem Kopf die Straßenbahn verließ.

Auch den Sohn wies sie regelmäßig auf ihre Leiden während des Holocaust hin und natürlich auch auf die Pflichten, die dem Kind einer Überlebenden in ihren Augen zukamen. »Wenn ich das gewusst hätte, hätte ich lieber nicht überlebt!«, bekam Michel Bergmann zu hören, wenn sein Tun oder Aussehen der Mutter wieder einmal missfiel. Oder: »Da überlebt man, und das ist der Dank!« Wenn er als Jugendlicher tanzen wollte, klag-

Michel Bergmann (rechts) und sein Sohn Emanuel.

te sie: »So, in die Disco willst du? Wir hatten auch Disco im Lager!« Manchmal sei es ihm vorgekommen, als habe seine Mutter ihn nur geboren, um jemanden zu haben, dem sie Vorwürfe habe machen können, erinnert sich Michel Bergmann.

Seine Mutter spielte in Bergmanns Leben eine Hauptrolle. Sie habe ihn zweifellos geliebt und ihm alles geben wollen, was ihr verwehrt worden sei, sagt der Schriftsteller. »Doch es war eine fordernde Liebe. Eine verpflichtende Liebe. Eine unerbittliche Liebe. Eine gnadenlose Liebe. Eine toxische Liebe.« Diese Liebe hat den Schriftsteller geprägt, sie hat sein Leben enorm beeinflusst, sie hat dieses Leben belastet und bereichert. Und sie hat ihm nicht zuletzt unzählige Geschichten geliefert, die er schließlich in einem Buch verarbeitet hat, das Anfang 2023 bei Diogenes erschien. »Mameleben« ist eine brillante Hommage an Bergmanns Mutter, ein Werk, das souverän den schmalen Grat zwischen Komödie und Tragödie hält. Ein großartiges Buch. Es trägt den Untertitel: »Das gestohlene Glück«.

»Juden unerwünscht«

Die Diebe dieses Glücks waren Hitler und seine fanatisierten Anhänger. Charlotte Meinstein, wie die Mutter damals noch hieß, stammt aus Zirndorf in Mittelfranken, ihr Vater, ein Viehhändler, ist ein angesehener Bürger der Stadt, Schatzmeister im Gemeinderat, Offizier im Ersten Weltkrieg, verwundet bei Verdun, ausgezeichnet mit dem Eisernen Kreuz. Mit der Machtübernahme der Nationalsozialisten ist es für ihn und seine Familie schnell vorbei mit dem bürgerlichen Leben. Jetzt gilt für sie: »Juden unerwünscht«. Charlotte muss das Gymnasium verlassen, ein halbes Jahr vor dem Abitur. Sie weiß, dass sie in Deutschland keine Zukunft mehr hat und geht deshalb Ende 1933 nach Paris. Das war ihre Rettung. Die Zurückgebliebenen dagegen haben fast alle das große Morden der Nationalsozialisten nicht überlebt.

Das Leben in Paris ist für eine aus Deutschland geflohene Jüdin nicht einfach, denn die Franzosen nehmen Emigranten aus Deutschland keineswegs mit offenen Armen auf. Schließlich sind auch im Nachbarland die antisemitischen Rechtsextremisten stark, und Normalbürger sehen in den Flüchtlingen oft nur Konkurrenten um die raren Arbeitsplätze. Charlotte kommt bei ihrer Cousine Thea unter und findet vorerst Arbeit in der Metzgerei eines Bekannten des Vaters, wo sie an der Kasse sitzt. Damals trifft sie zum ersten Mal Emanuel Bergmann, ihren späteren Mann, der zusammen mit seinen Geschwistern in Frankfurt erfolgreich das nun von den Nazis arisierte Wäschehaus »Gebrüder Bergmann« betrieben hatte. In Paris haben die Geschwister einen neuen Wäschevertrieb aufgemacht, Charlotte ihrerseits arbeitet bald als Näherin in Heimarbeit für das kleine Unternehmen.

Mit dem Beginn des Krieges und der Niederlage Frankreichs gegen Nazi-Deutschland spitzt sich die Lage der geflüchteten Juden dramatisch zu. Die deutschen Besatzer versuchen ihrer habhaft zu werden und können sich dabei auf die Hilfe der französischen Polizei stützen, in deren Fänge bei einer großen Razzia im Pariser Marais-Viertel auch Charlotte gerät: Sie und Tausende andere Juden werden in das große französische Internierungslager Camp de Gurs in den nördlichen Pyrenäen verbracht, wo neben ehemaligen Spanienkämpfern auch andere Antifaschisten und unerwünschte Personen gefangen gehalten werden. Die Zustände dort sind fürchterlich: zu wenig Essen, verschmutztes Wasser, Feuchtigkeit, Ratten, Ungeziefer.

Hier in Gurs widerfährt Charlotte ein kleines Wunder, das sie später mit Genugtuung immer wieder erzählen wird. Der Mann ihrer Freundin Hanna Neckarsulmer taucht in der Uniform eines französischen Hauptmanns mit Orden und Säbel – alles ausgeliehen aus dem Fundus eines Pariser Theaters – in der Kommandantur des Lagers auf und verlangt energisch die Freilassung seiner Frau. Der Kommandant fällt auf die Köpenickiade herein und bezeichnet die Inhaftierung als bedauerlichen Irrtum. Doch Hanna Neckarsulmer zieht nicht einfach mit ihrem Mann von dannen, vielmehr verlangt sie von dem Kommandanten, dass auch ihre Cousine freigelassen werde – womit sie ihre Freundin Charlotte meinte. Und tatsächlich gelingt der Coup, die drei können das Lager verlassen.

Charlotte schlägt sich nach Lyon durch, wo sie vom Roten Kreuz erfährt, dass ihre wirkliche Cousine Thea auf einem

Bauernhof im französischen Jura nahe der Grenze zur Schweiz interniert ist und auf dem Feld arbeiten muss. Sie fährt dorthin und bereitet ihre gemeinsame Flucht in die Schweiz vor. Ein Bauer unterstützt sie, und es gelingt den beiden Frauen tatsächlich, zusammen mit dem kleinen Sohn der Cousine die Grenze bei Nacht zu überqueren und in die neutrale Schweiz zu gelangen.

Wiewohl die Schweiz letztendlich die Rettung für Charlotte bedeutet, ist sie ihr Leben lang sauer auf die Eidgenossen. Nicht nur, weil diese gute Geschäfte mit Nazi-Deutschland machten, dem übermächtigen Nachbarn sogar Waffen lieferten. Die Schweiz versuchte auch während des Krieges, sich gegen Flüchtlinge aus Deutschland abzuschotten, indem sie vom Sommer 1942 an ihre Grenzen schloss. Unzählige Verzweifelte wurden an den Grenzstationen zurückgewiesen.

Dort, in der Schweiz, bringt Charlotte am 6. Januar 1945 ihren Sohn Michel Bergmann zur Welt. Der Vater ist ebenjener Emanuel Bergmann, den sie in Paris kennengelernt hatte und den sie in der Schweiz wiedertraf, wohin er sich auf abenteuerliche Weise hatte retten können. Beide sind sie von den Schweizern interniert worden: Charlotte in einem Frauenlager in Riehen bei Basel, Emanuel in einem nicht weit davon entferntem Männerlager in Adliswil. Am Wochenende können sich beide in Basel sehen und lieben.

Kaum ist der Krieg vorbei, reisen die Eltern auf der Suche nach Verwandten nach Paris und lassen den drei Monate alten Michel in einem Diakonissenheim bei Basel zurück. Erst als der Junge 18 Monate alt ist, holt ihn die Mutter ab und bringt ihn nach Paris, wo er seine ersten Lebensjahre glücklich verbringt. Irgendwann möchte der Vater zurück nach Frankfurt, um dort das verlorene Wäschegeschäft wiederzueröffnen. Mutter Charlotte ist dagegen, sie will nicht zurück in das »verschissene Land«, das ihr ihre Eltern und Angehörigen geraubt hat. Emanuel Bergmann setzt sich durch, geht nach Frankfurt und holt bald seine kleine Familie nach.

Weil Wohnungsnot herrscht, müssen sie mit dem DP-Lager in Zeilsheim Vorlieb nehmen, später finden sie ein Zimmer im zerbombten Jüdischen Krankenhaus, das Juden ein provisorisches Zuhause bietet. Aber zumindest das Wäschegeschäft blüht auf und wirft so viel Gewinn ab, dass die Familie schließlich ins vornehme Westend ziehen kann. Das Glück dauert nicht lange an, denn 1956 stirbt der Vater. Der Mutter bleibt nichts anderes übrig, als von heute auf morgen das Geschäft weiterzuführen. Es gelingt ihr mit großem Erfolg.

Weniger Erfolg hat sie in der Liebe. Der zweite Mann, den sie heiratet, ein Holocaust-Überlebender aus Polen, jetzt französischer Staatsbürger, ist ein grober Klotz, dazu noch krankhaft geizig. In Auschwitz haben die Deutschen seine Frau und sein Kind getötet. Immerhin wickelt er das Wäschegeschäft der Mutter, das zusehends weniger abwirft, halbwegs günstig ab. Und weil er selbst gutes Geld verdient hat, kann sich Charlotte abgesichert fühlen. Der Sohn Michel hingegen, mittlerweile 17 Jahre alt, kann mit dem Stiefvater nichts anfangen und lehnt ihn ab. Trotzdem steht er, als dieser vorzeitig stirbt, an seinem Grab auf dem Jüdischen Friedhof in Straßburg und spricht das Kaddisch, das Totengebet, und trocknet seine Tränen. »Jetzt werde ich leben, reisen, mir was gönnen«, sagt die Mutter nach der Beerdigung. Daraus ist nichts geworden, einen Monat später erkrankt sie an Krebs, den sie zum Glück lange Zeit überlebt.

Seine Mutter habe sich gewünscht, dass er ein Vorzeigesohn mit einem Vorzeigeleben werde, sagt Michel Bergmann. Doch er habe diesen Ansprüchen nicht genügen können. Dass er ins Filmgeschäft ging, Künstler wurde, passte ihr überhaupt nicht. Er vergeude sein Leben, lautet ihr Standardvorwurf. »Es ist mein Leben«, antwortet er, sie habe kein Recht, darüber zu bestimmen. Als Antwort hört er von ihr die Klage, die er schon so oft hatte vernehmen müssen: »Ist das der Dank? Habe ich dich dafür unter Schmerzen im Lager geboren, während die englischen Jagdflugzeuge über Schaffhausen waren? Alle durften in den Bunker, nur die jüdischen Insassen nicht.« Oder: »Alles habe ich mir vom Mund abgespart, habe mir nichts gegönnt, damit es dir gut gehen soll, und das ist der Dank.«

Was wäre aus seiner Mutter geworden, wenn die Nazis ihr nicht ihr Glück gestohlen hätten, fragt sich Michel Bergmann manchmal. Bestimmt wäre sie eine gute Kinderärztin geworden, glaubt er. Vielleicht hätte sie zwei Kinder gehabt und diese zu guten Menschen erzogen. Doch sie habe wegen Hitler ein Leben leben müssen, über das sie nicht selbst habe bestimmen können. Ihr Überleben und die damit verbundenen psychischen und körperlichen Schäden hätten letztendlich auch die Gene verändert, die an ihn weitergegeben worden seien, glaubt Michel Bergmann. Er und die anderen Kinder der Shoa wären ohne die Leidensgeschichte der Eltern und ihre Traumata andere Menschen. Und das gelte auch für die Kinder dieser Kinder.

Die Geschichte von Michel Bergmanns Mutter endet tragisch, sie stürzt sich aus dem Fenster ihrer Wohnung in Straßburg und ist tot. Sie sei am Ende ihres Weges entsetzlich einsam gewesen, sagt der Sohn. In ihrem Universum, das fast ausschließlich aus dunkler Materie bestanden habe, seien die wenigen hellen Sterne erloschen gewesen.

Jetzt, da Michel Bergmann ein Buch über seine Mutter geschrieben hat, ist ihm eine Last von den Schultern gefallen. Die Mama ist schon in seinen früheren Büchern aufgetaucht, zum Beispiel in dem wunderbaren Roman »Die Teilacher«. Er habe sozusagen immer spiralförmig um seine Mutter herumgeschrieben, sagt der Schriftsteller. Doch erst nachdem er mit seiner Frau nach Berlin beziehungsweise Brandenburg gezogen sei, also an Orte, die nicht von seiner Mutter besetzt gewesen seien, habe er mit »Mameleben« ein Buch über seine Mutter schreiben können. Ja, sogar schreiben müssen.

Sie hat ihn tief geprägt. Michel Bergmann merkt es noch an Kleinigkeiten. Bis heute fühlt er sich unwohl, wenn er auf Strümpfen durch die Wohnung läuft. Das hängt mit dem jüdischen Trauerritual zusammen. Wenn die Hinterbliebenen nach dem Begräbnis eine Woche Schiwa sitzen, also zu Hause bleiben und Trauer halten, müssen sie mit Strümpfen durch die Zimmer laufen. Als die Mutter den Sohn in Strümpfen daherkommen sah, bemerkte sie spöttisch zu ihm: »Ich lebe noch.« Diese Bemerkung der Mutter hat der Sohn nie vergessen.

Auch Emanuel Bergmann, Michel Bergmanns Sohn, ist Schriftsteller geworden. Auch er hat Charlotte Bergmann literarisch verewigt. In seinem Roman »Der Trick« taucht Rosl Feldmann, eine Holocaust-Überlebende, auf, die in der Jetztzeit auf den Zauberer Zabbatini trifft, der sie einst gerettet hatte. Diese Rosl Cohn, geborene Feldmann, trägt Züge von Emanuel Bergmanns Großmutter Charlotte. Auch ihn hat Charlotte Bergmann offenbar nie losgelassen.

GIL SOBOL UND DANIELA SOBOL

Gil Sobol wurde 1993 in Frankfurt geboren. Unternehmensberater und Computerwissenschaftler. Seine Mutter Daniela kam 1961 zur Welt und arbeitet im Kindergarten der Jüdischen Gemeinde Frankfurt.

AUF DEM FOTO GROSSMUTTER LIESEL BINZER neben ihrem 1993 geborenen Enkel Gil Sobol. Er ein Riese von 2,02 Meter, sie eine kleine Frau von vielleicht 1,50 Meter. »Mein kleiner Enkel«, stellte sie ihn gerne Bekannten vor. Gil hatte ein gutes, sehr freundschaftliches Verhältnis zu seiner Oma. Er hat in seinen jüngeren Jahren viel mit ihr unternommen. Ausflüge in die Region, Reisen etwa nach Prag oder Berlin. Einmal ist er mit ihr sogar nach Theresienstadt gefahren, in jenes Konzentrationslager, wohin die Nazis Liesel Binzer am 31. Juli 1942 mit fünf Jahren und neun Monaten zusammen mit ihren Eltern aus Münster in Westfalen verschleppt hatten.

Der Enkel hat das einstige Lager mit eigenen Augen gesehen. Er war etwas überrascht, denn er hatte sich Theresienstadt nicht als eine richtige kleine Stadt vorgestellt. »Wo ist denn das KZ?«, fragte er seine Oma. Sie deutete auf die Festung vor der Stadt und zeigte ihm das Kinderheim, in dem sie damals untergebracht war und das heute die Post von Theresienstadt beherbergt.

Die SS hat dort im Sommer 1944 den propagandistischen Film »Theresienstadt. Ein Dokumentarfilm aus dem jüdischen Siedlungsgebiet«, der unter dem Titel »Der Führer schenkt den Juden eine Stadt« bekannt geworden ist, drehen lassen. Mit ihm sollte die Welt über die Vernichtungspolitik des Deutschen Reiches getäuscht und der Eindruck erzeugt werden, die in den

Gil Sobol und seine Großmutter
Liesel Binzer.

Osten deportierten Juden würden unter angenehmen Bedingungen leben. Regisseur Kurt Gerron, selbst ein Häftling, sowie die Darsteller, darunter viele Prominente, waren zur Mitwirkung an der Produktion gezwungen worden. Mitgespielt hat auch Liesel Binzer, damals ein schönes blondes Mädchen: Sie saß in einem Café und löffelte scheinbar ein Eis – nur war zu ihrer Enttäuschung der Becher leer. Die Welt hat sich damals von solchen gefälschten Bildern und von der Propagandalüge der Nationalsozialisten von einem »Altersghetto« und einer »jüdischen Mustersiedlung« weitgehend täuschen lassen. So besichtigte im Juni 1944 auch eine Kommission des Internationalen Komitees vom Roten Kreuz das Lager – und ließ sich blenden.

Die Geschichte mit dem leeren Eisbecher hat Liesel Binzer ihrem Enkel Gil erzählt. Und manche andere aus ihrer Zeit in Theresienstadt. Dass neben ihrer Mutter auch der Vater von Liesel Binzer der immer drohenden Deportation nach Auschwitz in die Gaskammer entgangen ist, muss man als veritables Wunder bezeichnen. Denn dieser Vater, der im Ersten Weltkrieg beide Beine verloren hatte und dafür mit dem Eisernen Kreuz ausgezeichnet worden war, konnte sich nur auf einem Rollwägelchen bewegen und war weitgehend auf die Hilfe seiner Frau angewiesen. Sie hat nach ihrer Befreiung und der Rückkehr nach Münster durchgesetzt, dass die Familie ihr arisiertes Haus zurückbekommen hat, in dem sie dann wohnte, bis sie Mitte der sechziger Jahre aus beruflichen Gründen ins Rhein-Main-Gebiet zog.

»Nehmt doch Rücksicht auf eure Mutter, sie hat viel durchgemacht.«

Enkel Gil hat das alles aus dem Mund seiner Oma erfahren, sei es bei Besuchen bei ihr oder auf einer der Reisen wie jene nach Theresienstadt. Und in geballter Form bei einem Zeitzeugengespräch, zu dem Gil die Oma einmal begleitet hat. Sie habe immer sehr rational von ihrer Deportation und ihrem Überleben im KZ erzählt, berichtet Gil. Zum Beispiel von den Stunden ihres Abtransports aus dem Judenhaus in Münster, wohin die Familie in zwei winzige Zimmer im Keller hatte umziehen müssen. Liesel Binzers couragierte Mutter hatte der Tochter zwei Kleider und drei Mäntel angezogen in der richtigen Vorahnung, dass ihr der Koffer weggenommen werden würde.

Gegenüber ihrer Tochter Daniela, Gils Mutter, hat Liesel Binzer dagegen fast das ganze Leben lang geschwiegen. »Ich habe ihre ganze Geschichte erst richtig aus den Zeitzeugengesprächen erfahren«, sagt Daniela Sobol. Einzelne Bruchstücke wurden ihr über Umwege gewahr, als Sohn Gil bei einem Projekt in der jüdischen Schule einen Aufsatz über seine Oma schreiben sollte und diese deshalb über ihr Leben ausfragte. Nun bestätigte sich der Mutter ihre schon als Kind empfundene Ahnung, irgendetwas in ihrer Familie sei nicht normal. Wie oft hatte ihr Vater, als die Mutter nach ihrer Arbeit als Steuerprüferin beim Finanzamt nach Hause kam, gesagt: »Nehmt doch Rücksicht auf eure Mutter, sie hat viel durchgemacht.« Tatsächlich war Liesel Binzer durch den Zwangsaufenthalt im KZ schwerhörig geworden. Durch diesen Schaden sowie durch die Einschüchterungen und Verunsicherungen dort wurde sie zu einem scheuen, zurückhaltenden Mädchen, das sich vieles nicht traute und immer versuchte, keine Aufmerksamkeit zu erregen. So hat Liesel Binzer in dem Büchlein »Ich prägte mein Leben«, in dem sie ihre Lebenserinnerungen niederlegte, über sich geschrieben.

Sie habe Angst gehabt, ihre Mutter zu fragen, was sie in der Jugend erlebt habe, berichtet Tochter Daniela. Zudem habe sie damals ihre eigenen Probleme gehabt. Allerdings hingen diese Probleme eng mit der KZ-Geschichte der Mutter zusammen, wie Daniela Sobol später in einer Psychotherapie herausgefunden hat. Mit 18 Jahren erlebte sie ihre ersten Panikattacken. Sie glaubte dann immer, ihr Leben sei zu Ende und sie müsse sterben. Sie litt unter Herzrasen, Atemnot und Taubheitsgefühlen in den Fingern. Die Ärzte waren ratlos, körperlich sei sie völlig gesund, diagnostizierten sie. Ihre Eltern erkannten ihre seelische Not ebenfalls nicht, zeigten wenig Verständnis und drohten sogar, sie in eine geschlossene Einrichtung zu bringen. Zum Glück sah ein Freund von Daniela, dass ihre Seele durch die Panikattacken um Hilfe schrie, und sorgte dafür, dass sie in die Hände einer Psychotherapeutin kam.

In der Therapie lernte sie, dass sich die frühen Verlassenheitsängste ihrer Mutter, die in Theresienstadt von ihren Eltern getrennt worden war, sich eins zu eins auf sie übertragen hatten. Trotzdem schreckte sie weiter jahrelang nachts panisch und orientierungslos aus dem Schlaf hoch. Es habe sich für sie angefühlt, als ob sie viele Jahre in einem KZ verbracht hätte – ein Leben unter ständiger Bedrohung, mit immer wieder auftretender Todesangst und mit dem schmerzlichen Gefühl der Einsamkeit.

Heute weiß Daniela Sobol zumindest, woher die Panikattacken und die Ängste rühren. Ihr habe es von klein auf an der inneren Sicherheit gemangelt, dass ihr nichts passieren könne und dass sie beschützt werde. Konkret gesprochen: Ihr habe die Mutter als vertrauensvolle Bezugsperson gefehlt. Denn Liesel Binzer habe sich immer sehr distanziert zu ihr verhalten, eine Wahrnehmung, die Daniela freilich nicht mit ihrer Schwester Gabriela teilt, die den Umgang mit der Mutter als ganz anders empfunden hat.

Daniela Sobol jedenfalls hat als junge Frau sehr gelitten, weshalb sie sich manchmal von ihrer Mutter verletzt und unverstanden fühlte. Doch im Laufe der Zeit hat sie verstanden, dass dies alles von den KZ-Traumata ihrer Mama herrührte. Sie wolle niemandem in ihrer Familie einen Vorwurf machen, hebt Daniela Sobol heute hervor. Ihre Wut richte sich einzig und allein gegen die Nazis, die durch ihre Schreckensherrschaft viele Leben zerstört hätten – und fast auch ihres.

Daniela Sobol hat versucht, es bei ihren drei Kindern besser zu machen. Sie war für sie da vom ersten Tag an und ist es noch heute, da sie erwachsen sind. Sie hat darum gebetet, dass sie die innere Verwundung nicht an sie weitervererbe – und es hat geklappt. Jedenfalls sagt ihr Sohn Gil ohne zu zögern: »Ich bin nicht traumatisiert.« Sein Leben ist bisher glücklich und geordnet verlaufen. Nach seinem Abitur studierte er in Frankfurt Informatik, setzte seine Ausbildung dann an einer Hochschule im israelischen Haifa fort und arbeitet heute als Unternehmensberater in der Automobilindustrie.

» Ich bin nicht traumatisiert.«

Freiheit, so weiß Gil aus der Kenntnis des Eingesperrtseins der Oma im KZ, ist das höchste Gut für einen Menschen. Leider nähmen viele die Freiheit heute als etwas Selbstverständliches, sagt er. Gil dagegen fühle sich ob seiner Familiengeschichte verpflichtet, immer für die Freiheit einzutreten.

ADRIAN JOSEPOVICI

1964 in Frankfurt am Main geboren. Immobilienmakler. Mitglied des Gemeinderats der Jüdischen Gemeinde Frankfurt.

VIER NAMEN HAT LILI, die Mutter von Adi Josepovici, während ihres Lebens getragen. Sie stehen für ihre vier Lebensabschnitte, die sie vom damals noch polnischen Lemberg über Rumänien und Österreich schließlich nach Deutschland führten. Ihren ersten und wahren Namen, Liliana Wisznowitz, hat sie nie benutzt, denn sie kannte ihren leiblichen Vater nicht: Rudek Wisznowitz, ein Orchestergeiger, wurde wegen der chaotischen Zeitläufe vor Lilis Geburt von der Familie getrennt.

Kurz vor dem Überfall Hitler-Deutschlands auf Polen war er zu einem Konzert nach Moskau gereist, wo er vom Kriegsbeginn überrascht wurde. Eine Rückkehr nach Lemberg war ihm wegen der Eroberung der Stadt durch die Deutschen und der bald darauf ausgebrochenen Pogrome nicht möglich, er emigrierte später nach Amerika und seine Frau Berta hat ihn nie wieder getroffen. Zuletzt lebte er in Israel, sein Enkel Adi Josepovici hat ihn einmal gesehen – 1982 auf dem Todesbett. Dieser ihm bis dahin unbekannte Großvater gab ihm damals seine Geige mit. Er solle sie Lili, seiner Tochter, die er nie kennengelernt hatte, als Geschenk übergeben. Dieses Musikinstrument hält Adi Josepovici bis heute in Ehren, denn sie verkörpert für ihn, den Enkel, die Geschichte seiner Mutter. Die Geige nimmt seit dem Tod seiner Mutter einen besonderen Platz bei ihm zu Hause ein.

Berta Wisznowitz dagegen, die einst angetraute Ehefrau des Geigers, wollte nach dem Krieg nichts mehr von ihrem emi-

Adrian Josepovici mit seiner Mutter Lili und seiner Tochter Deborah.

grierten Mann wissen. Sie reagierte nicht auf seine Briefe aus dem damaligen Palästina, die er an ihren Bruder schrieb und in denen er diesen um die Vermittlung eines Treffens bat. Doch die Mutter von Lili konnte ihm offenbar nie verzeihen, dass er die Familie damals in Lemberg allein gelassen hatte – trotz des gemeinsamen Kindes.

Weil sie als Jüdin in dem von den Deutschen besetzten Polen permanent in Todesgefahr schwebte, versuchte Berta Wisznowitz, sich im Verlauf des Krieges möglichst unsichtbar zu machen. Dazu gehörte unter anderem, dass sie den Namen Janka Wilewska annahm. Zusammen mit einer Tante und einem Onkel versteckte sie sich mit ihrer Tochter Lili einige Zeit in einem Mietshaus in Lemberg. Die vier hausten in einem Keller hinter einer eigens errichteten Backsteinmauer, die nur eine kleine Öffnung hatte, durch die man ihnen Essen durchreichen konnte. Das Problem war die kleine Lili, ein einjähriges Kind, das immer wieder weinte oder schrie und damit die Versteckten gefährdete. Deshalb entschloss sich Janka Wilewska, ihr Baby in die Obhut einer christlichen Bauersfrau namens Wysia zu geben, die Lili gegen Schmuckstücke aus dem Familienbesitz auf ihrem Hof in der Nähe des heutigen ukrainischen Drohobytsch aufnahm.

Die Bäuerin gab Lili gegenüber ihrem Freund, einem deutschen Offizier, als ihr uneheliches Kind aus. Wiewohl das Mädchen nun christlich beten lernte und schnell die Bäuerin Wysia als ihre Mutter ansah, bestand ständig die Gefahr der Entdeckung. In der Familie von Adi Josepovici wird bis heute die Geschichte von den Soldaten erzählt, die unerwartet auf der Suche nach Lebensmitteln auf dem Hof erschienen, während Wysia bei der Beerdigung ihres Großvaters war. Lili habe Angst bekommen und sich in der Hütte des Hofhundes Kaitek versteckt, der sich instinktiv ruhig verhalten habe. Das Mädchen blieb unentdeckt.

Nach dem Ende des Krieges wollte Janka Wilewska ihre Tochter wieder abholen, doch Lili weigerte sich anfangs, mit ihr zu gehen, weil sie in der polnischen Bäuerin Wysia ihre Mutter sah. Ihre wahre Mutter blieb deshalb mehrere Tage auf dem Hof, damit ihr Kind sich wieder an sie gewöhnen konnte. Es dauerte lange, bis Lili den Verlust von Wysia verkraftete und Janka als ihre Mutter akzeptierte.

Mit der Änderung des Namens ihrer Mutter von Wisznowitz in Wilewska hatte Lili ihren zweiten Namen bekommen: Lili Wilewska. Ihr neuer Vater wurde der Holocaust-Überlebende Leon Zamberk, den ihre Mutter kurz nach dem Krieg kennengelernt hatte und mit dem sie vor den russischen Kommunisten über Prag ins rumänische Arad emigrierte. Doch auch von dort flohen sie Hals über Kopf, als 1947 die Besetzung der Stadt durch russische Soldaten drohte. Ihre erste Station war Budapest, nach einem halben Jahr dort setzten sie sich nach Wien ab. Aus geschäftlichen Gründen übersiedelte die Familie schließlich 1953 nach Frankfurt. Tochter Lili kam zuerst auf die Anna-Schmidt-Schule, zu jener Zeit ein Mädcheninternat, und wurde bald Schülerin des Frankfurter Elisabethen-Gymnasiums. Abitur machen konnte sie indes nicht, weil sie mit 17 Jahren heiratete und verheiratete Schüler damals nicht akzeptiert wurden.

Nach der Trauung unter der Chuppa, dem jüdischen Traubaldachin, im Jahr 1957 mit Puiu Josepovici hieß sie von nun an Lili Josepovici. Als Puiu und Lili waren sie in der jüdischen Community der Mainmetropole ein bekanntes Paar. Er ein sportlicher, eleganter, kultivierter Mann mit viel Humor. Sie eine bildschöne, selbstbewusste Frau, die bis zu ihrem Tod im März 2022 stets als gepflegte Erscheinung auffiel. Seine Mutter habe das Leben geliebt, sei modern eingestellt und voller Temperament gewesen, erinnert sich ihr Sohn Adi. Eine kreative Frau, die Musik, Kunst, Theater und Literatur liebte. Doch Lili konnte auch kämpferisch sein, wenn etwas ihren Grundüberzeugungen widersprach. Sie gehörte denn auch zu jener legendären Gruppe jüdischer Bürger um Ignatz Bubis, die im Fassbinder-Skandal im Oktober 1985 die Bühne des Frankfurter Schauspielhauses besetzte, um die Aufführung des von vielen als antisemitisch empfundenen Stücks »Der Müll, die Stadt und der Tod« zu verhindern.

Der Intendant des Schauspiel Frankfurts, Günther Rühle, plante damals die Uraufführung von Fassbinders Stück, in dem ein Immobilienspekulant, der sich selbst als der »reiche Jude« bezeichnet, unter Benutzung einer Straßenprostituierten sich an einem nationalsozialistischen Mörder zu rächen versucht. Am Tage der Uraufführung demonstrierten vor dem Frankfurter Theater etwa 1.000 Menschen, im Theater selbst verhinderten die etwa 30 Bühnenbesetzer, alle Mitglieder der Jüdischen Gemeinde, erfolgreich die Vorstellung. Kulturdezernent Hilmar Hoffmann machte schließlich von seinem Hausrecht Gebrauch und schloss die Veranstaltung, um eine weitere Eskalation zu verhindern. Diese Bühnenbesetzung erwies sich im Nachhinein als ein historischer Augenblick in der Nachkriegsgeschichte der Juden in Deutschland. Zum ersten Mal wagten sich damals einige von ihnen aus der Deckung und traten offensiv für ihre Sache ein. Das war ein unübersehbares Zeichen, dass die Überlebenden und ihre Familien nicht weiter gewillt waren, stumm zu bleiben und zurückgezogen zu leben, um keinen Anfeindungen ausgesetzt zu sein.

Adi Josepovicis Mutter Lili war eine der Vorkämpferinnen auf diesem Weg zur Emanzipation der jüdischen Gemeinschaft in Deutschland. Sie sah freilich über den deutschen Tellerrand hinaus und setzte sich auch für die Entwicklung von Israel ein. Eine Herzensangelegenheit war für sie die Mitarbeit in der zionistischen Frauenorganisation WIZO, bei der sie bis zu ihrem Tod begeistert mitmachte.

Irgendwann hatten sich Lili und Puiu aber auseinandergelebt, das Paar ließ sich scheiden. Lili brach die alten Kontakte ab und lebte zehn Jahre lang ein neues Leben. Sie trug nun einen weiteren, einen von ihr selbst gewählten Namen: Liliana Narell. Schließlich fand sie aber doch wieder zu ihrer Familie und zu ihrem Leben als Mutter und schließlich Großmutter zurück.

Ganz am Ende ihres Lebens hat Lili zum Erstaunen der Familie sich zu ihrem nie getragenen ersten Namen bekannt. Auf ihrem Grab solle »Liliane, geborene Wisznowitz« stehen, hatte sie Adis jüngster Tochter anvertraut. Das, so ihre Begründung, sei ihr wahrer Name. Ihr Sohn Adi Josepovici ist diesem Wunsch gefolgt und hat einen besonderen Grabstein fertigen lassen: Auf der Frontseite steht für alle sichtbar »Liliana Narell, geborene Wisznowitz«. An der Seite dieses aus vier Schichten gefertigten Steins, die für die vier Namen und Leben seiner Mutter stehen, sind zwei W, ein J und ein N eingraviert, also die vier Anfangsbuchstaben ihrer vier Familiennamen. Auf diese Weise das Leben seiner Mutter symbolhaft zu erzählen, sei ihm ein Anliegen gewesen, sagt der Sohn.

Lange hat der 1964 in Frankfurt geborene Adi Josepovici geglaubt, er sei von den Holocaust-Traumata seiner Eltern verschont geblieben. Doch je älter er wird, desto mehr beschäftigt ihn seine Herkunft. Vor einiger Zeit schloss er sich einer Gruppe an, die sich »Young Second Generation« nennt und der Angehörige von Holocaust-Überlebenden zwischen 40 und 60 Jahren angehören, die sich einmal im Monat treffen, um sich ihre vererbten Traumata von der Seele zu reden.

»Ich habe meinen Frieden mit meiner Mutter gemacht.«

Adi Josepovici war, außer in jenen zehn Jahren, da Lili die Verbindung mit der Familie weitgehend abgebrochen hatte, immer eng mit seiner Mutter verbunden. Doch wenn er ehrlich ist, spürt er ganz tief in seinem Innern eine gewisse Distanz. In ihrem Verhältnis gab es keinen Bruch, aber einige Risse. Erst später merkte der Sohn, dass er sozusagen über die Gene etwas von dem mitbekommen hat, was der Krieg und der Überlebenskampf in der Seele seiner Mutter angerichtet hatte. Mittlerweile ist ihm klar, welche Brüche Lili in ihrem Leben erlebt hatte: Sie wuchs anfangs ohne Vater auf, sie hatte in der Bäuerin Wysia eine falsche Mutter, sie bekreuzigte sich als Kind vor jeder Kirche, weil sie, eine Jüdin, auf dem Bauernhof christlich erzogen worden war. Das alles versteht er jetzt viel besser, weshalb er inzwischen sagt: »Ich habe meinen Frieden mit meiner Mutter gemacht.«

Trotz ihrer entwurzelten Kindheit und Jugend habe seine Mutter dafür gesorgt, dass er und sein älterer Bruder Denny in eine jüdische Schule gekommen seien und in einer jüdischen Umgebung hätten aufwachsen können, sagt Adi. Er sei zutiefst davon überzeugt, dass seine Mutter ihm und seinem Bruder etwas mitgegeben habe, was sie wie vom Schicksal vorbestimmt zu ihren Ehefrauen geführt habe, mit denen sie seit Jahrzehnten verbunden seien. Lange hat der frühere Werbekaufmann und heutige Immobilienmakler sich nicht als ein Vertreter der sogenannten zweiten Generation empfunden. Heute weiß er, dass der Überlebenskampf seiner Mutter während des Holocaust auch ihn geprägt hat.

Adi ist seit seiner Kindheit glühender Anhänger der Fußballmannschaft Eintracht Frankfurt. Die Mainmetropole ist seine Heimat, aber nicht Deutschland, zumindest nicht emotional. Auch er hat wie viele Juden, symbolisch gesprochen, lange auf gepackten Koffern gesessen und diese erst ausgeräumt, als er heiratete und mit seiner Frau zwei Kinder bekam. Als junger Mann war es für ihn klar, dass er Deutschland verlassen und nach Israel emigrieren werde. Das hat sich jetzt erledigt. Heute arbeitet Adi Josepovici als Mitglied des Gemeinderats der Jüdischen Gemeinde Frankfurt dafür, dass das jüdische Leben in der Mainmetropole blüht und gedeiht, und als Mitglied der »Werteinitiative jüdisch-deutsche Positionen« dafür, dass die Zukunft der Juden in Deutschland gesichert bleibt.

Geblieben aus dem Erbe der Mutter ist seine hohe Sensibilität gegenüber antisemitischen Tendenzen. Beim jüdischen Sportverein Makkabi hat er erlebt, wie stark der Judenhass sogar bei jüngeren Menschen noch auftritt. Wie oft wurden er und seine Mitspieler von Spielern der anderen Mannschaften beleidigt und bedroht. Heute hält er sich an das Beispiel seiner Mutter, die noch im hohen Alter sagte, man müsse dem Antisemitismus entschieden entgegentreten. »Diese Haltung«, so sagt Adi Josepovici, »habe ich von meiner Mutter übernommen.«

TOBIAS HÄNDLER

1981 in Frankfurt geboren. Studium der Gesellschafts- und Wirtschaftkommunikation. Arbeitete lange in der Werbebranche.

ES HAT EIN AUSCHWITZ VOR AUSCHWITZ GEGEBEN. Vor jenem Auschwitz, das wir als Inbegriff der Hölle kennen, in dem während des Zweiten Weltkrieges mehr als eine Million Menschen von den Nationalsozialisten ermordet wurden. In diesem Auschwitz vor Auschwitz, in der polnischen Stadt Oświęcim also, kam Alexander Händler, der Großvater väterlicherseits von Tobias Händler, 1914 zur Welt.

Drei Jahrzehnte später wurde Alexanders spätere Frau Ilona Händler, geborene Katz, in den Geburtsort ihres späteren Mannes deportiert. Freilich nicht ins Städtchen Oświęcim, sondern in das berüchtigte Konzentrations- und Vernichtungslager Auschwitz, wo Juden, Sinti und Roma, Russen und andere »Untermenschen« industriell vergast und verbrannt wurden. Kann man es ein Glück nennen, dass Alexander Händler, der nach seinem Weggang von Oświęcim in Wien gelandet war, als Jude von den deutschen Welteroberern nicht in seinen alten Heimatort verfrachtet wurde, sondern »nur« ins KZ Sachsenhausen in der Stadt Oranienburg nördlich von Berlin?

Von seinem Großvater hat Tobias Händler nichts aus erster Hand über dessen Überleben erfahren, denn Alexander Händler starb, als der Enkel noch ein Kind war. Die Großmutter dagegen hat er einmal fragen können, welche Erlebnisse sich hinter der eintätowierten KZ-Nummer auf ihrem Arm verbärgen. Doch sein Vater ließ ihn unverzüglich nach diesem Akt der Neugier wissen, er möge solche Fragen unterlassen, das Thema

Tobias Händler (Mitte) mit seiner Familie bei seiner Bar Mitzwa.

würde seine Großmutter zu sehr belasten und gefährde ihre Gesundheit. Alles, was er über die Großeltern väterlicherseits weiß, hat Tobias Händler denn auch nur aus zweiter Hand zu hören bekommen: von seinem Vater und vor allem von seiner Mutter. Unter anderem wurde ihm gesagt, dass sein Großvater und seine Großmutter die einzigen aus ihren Familien gewesen seien, die den Holocaust überlebt hätten.

Musik war in Auschwitz die Überlebensnahrung von Tobias Händlers Großmutter Ilona gewesen. Sie hörte im Lager Alma Rosé, die das Mädchenorchester von Auschwitz leitete, Geige spielen. Die Musik klang unfassbar schön in ihren Ohren, weshalb sie den Schwur tat: »Wenn ich hier jemals befreit werde und einen Sohn bekomme, soll er Geige spielen.« So ist es denn auch gekommen. Ihr Sohn Jack Martin Händler, der Vater von Tobias Händler, bekam von seinen Eltern mit vier Jahren seine erste Geige. Die Familie lebte damals im slowakischen Bratislava, wo es 1972 zu einer denkwürdigen Begegnung kam. Nach einem Konzert des Geigers David Oistrach durfte der junge Jack Martin dem Meister im Hotelzimmer vorspielen. »Ich nehme Sie in meine Klasse auf«, entschied Oistrach spontan. In Moskau reifte Jack Martin dann im Konservatorium unter den Fittichen von Oistrach zu einem Spitzengeiger heran, der nach seiner Ausreise aus der Tschechoslowakei im Hamburger Opernorchester und im Bayreuther Festspielorchester spielte und schließlich ins Dirigentenfach wechselte. 1989 holte er für seine frisch gegründeten Solistes Européens de Luxembourg Musiker aus ganz Europa unter seinen Taktstock. Die familiären Erlebnisse während des Holocaust allerdings mied er, der Sohn von Holocaust-Überlebenden – zumindest wenn er mit seinem Sohn Tobias sprach. 2023 ist Jack Martin Händler überraschend gestorben.

Die Großeltern mütterlicherseits von Tobias Händler sprachen dagegen durchaus schon früh über ihre Erlebnisse während des Krieges. Das Thema war zumindest kein Tabu wie in so vielen anderen Familien von Holocaust-Überlebenden. Tobias Händler hat als Zwölfjähriger diese Großeltern einfach gefragt, wie sie jene Zeit erlebt und überlebt hätten. Vielleicht fiel ihnen das Erzählen leichter, weil Ludwig und Gertrud Meth durch eine Laune des Schicksals vor einer Deportation in ein Konzentrations- oder gar ein Vernichtungslager verschont geblieben waren.

Ihrer beider Heimatstadt, die heute zur Ukraine gehörende Stadt Czernowitz, Hauptstadt der Bukowina, zählte 1910, als Ludwig Meth geboren wurde, noch zu Österreich-Ungarn, 1921 aber, als seine spätere Frau Gertrud zur Welt kam, seit drei Jahren schon zu Rumänien. In diesem multikulturellen Schmelztiegel lebten Juden, Deutsche, Rumänen, Ukrainer und Polen damals bunt gemischt zusammen, die dominierende Sprache war das Deutsche, das auch die Sprache von Tobias Händlers Großeltern mütterlicherseits war. Sie kamen aus einer wohlhabenden Familie, die unter anderem den Rudolfshof besaß, ein Block mit mehr als drei Dutzend Wohnungen und einem Innenhof. Nach der Besetzung von Czernowitz durch die Rote Armee schon im Juni 1941 griffen die russischen Soldaten Fritz Meth, den Bruder von Ludwig Meth, mitsamt seiner Familie willkürlich auf der Straße auf, zerrten sie auf einen Lastwagen und deportierten sie nach Sibirien. Der Vater von Fritz, der den Vorfall als Augenzeuge erlebte, erlitt daraufhin einen Herzinfarkt und starb.

Immerhin entgingen die Meths nach dem Abzug der Russen dem deutschen Einsatzkommando, das zusammen mit rumänischen Truppen in die Stadt kam und Juden verhaftete und ermordete. Dafür wurden sie aber wie fast alle anderen Juden von Czernowitz in das 1941 auf Befehl des rumänischen Diktators Ion Antonescu errichtete Ghetto in Czernowitz eingewiesen.

Diesen Aderlass konnte die Stadt jedoch nicht verkraften, die Industrie drohte zusammenzubrechen, weshalb die Regierung per Erlass 15.000 bis 20.000 »ökonomisch wertvollen« Juden erlaubte, das Ghetto zu verlassen und in der Stadt wieder ihren alten Tätigkeiten nachzugehen. Zu verdanken hatten sie diese Rettung dem mutigen Bürgermeister Traian Popovici, der sich beim Regime für die Czernowitzer Juden einsetzte und viele retten konnte. Zu den Glücklichen zählte auch Tobias

Händlers Großvater, ein Ingenieur, der mit seiner Familie ins normale Leben und sogar in ihr altes Haus zurückkehren durfte. Sie überlebten, weil der Großvater als Spezialist bei einer Firma für landwirtschaftliche Geräte gebraucht wurde.

Bevor die Rote Armee gegen Ende des Krieges Czernowitz erneut besetzte, verließ Großvater Ludwig wie viele andere jüdische Männer die Stadt, weil er befürchtete, er würde von den Sowjets zum Militär eingezogen. Seine hochschwangere Frau ließ er zurück, sie gebar kurz darauf Zwillinge. Als sie nach einem schweren Kindbettfieber wieder zu Bewusstsein kam, musste sie erfahren, dass einer der Zwillinge an einer Infektion verstorben war, weil es keine Medikamente gegeben hatte. Bald darauf gelang es ihr, sich mit ihrer Mutter, ihrer Schwester und dem überlebenden Zwillingskind nach Kronstadt, heute Brașov, im rumänischen Siebenbürgen durchzuschlagen, wo ihr Mann gestrandet war. Dort wurde dem Ehepaar 1949 Tochter Monica geboren, die Mutter von Tobias Händler.

Wiewohl Großvater Ludwig in Kronstadt einer soliden Arbeit nachging, wollten er und seine Familie weg aus dem kommunistischen Rumänien. Sie hatten immer wieder einen Ausreiseantrag für Israel gestellt, doch jedes Mal wurde das Begehren abgelehnt. 1964 bekam immerhin Urgroßmutter Marie Fuhrmann eine Ausreiseerlaubnis nach Israel, das Regime wollte sich die Rentenzahlung an sie ersparen. Dort ist sie freilich nie angekommen. Bei einer Zwischenlandung auf dem Weg nach Tel Aviv verließ sie in Rom das Flugzeug und wurde von einem in Frankfurt lebenden Cousin abgeholt und nach Deutschland gebracht, wo sie sofort als Spätaussiedlerin anerkannt wurde und eine gute Rente erhielt, weil ihr Mann einst eine hohe Position in der österreichisch-ungarischen Monarchie innegehabt hatte. Wie alle Meths fühlte sie sich dem deutschen Kulturkreis zugehörig, Israel, so fand sie, war für sie nicht der richtige Platz.

»Das russische Regime hat ihnen alles genommen, ihnen blieben nur ihre Diplome.«

1971 erhielten Tobias Händlers Großeltern sowie seine Mutter eine Ausreisegenehmigung nach Deutschland, nachdem sie 4.000 Dollar Lösegeld an einen Mitarbeiter des Geheimdienstes Securitate gezahlt hatte. Ob dieser das Geld für sich behielt oder zumindest teilweise an den Regierungsapparat weiterleitete, weiß niemand genau. Allerdings durften nur Tobias Händlers Großeltern und seine Mutter nach Deutschland ausreisen, seinen Onkel Alfred und dessen Frau Milea ließ das Regime nicht ziehen, die Verantwortlichen vom Geheimdienst Securitate erhofften sich offenbar ein zusätzliches Lösegeld für sie. Aufgebracht hat die für die beiden zu zahlenden 11.000 Dollar, die Tobias Händlers Mutter Monica illegal über die Grenze brachte und einem Securitate-Mann aushändigte, die Familie. Tatsächlich konnten ihr Bruder und seine Frau bald danach nach Deutschland ausreisen.

Geheimsache Kanal hat die Bundesregierung ihre von 1967 bis 1989 laufende Freikauf-Aktion von Rumäniendeutschen, zu denen auch die Meths zählten, genannt. Mehr als 200.000 Männer, Frauen und Kinder konnten während dieser Zeit dank deutscher Zahlungen an das Ceaușescu-Regime ausreisen, insgesamt soll Deutschland mehr als eine Milliarde Mark an Kopfgeld aufgebracht haben. Auch Israel hat eine Freikauf-Aktion initiiert, in diesem Fall für rumänische Juden. Die Meths haben allerdings ihre Lösegelder mithilfe der Urgroßmutter aus Frankfurt selbst gezahlt.

Ihr Eigentum in Czernowitz hat die Familie zwar bei Besuchen auffinden können, aber nie zurückbekommen. 2018 ist Tobias Händler mit seiner Mutter Monica auf den Spuren der Familie nach Czernowitz gereist, wo sie unter anderem den einst der Familie gehörenden Rudolfshof in Augenschein nahmen, der von den Kommunisten verstaatlicht worden war.

Nach den Deutschen hatten die Kommunisten das Schicksal der Meths entscheidend bestimmt. »Das russische Regime hat ihnen alles genommen, ihnen blieben nur ihre Diplome«, fasst Tobias Händler das Schicksal seiner Familie zusammen. Er meint nicht nur die Rote Armee, vor der die Familie aus Czernowitz floh, sondern auch die rumänischen Kommunisten mit ihrem von Stalin inspirierten Terrorregime. Doch es hätte für die nach Deutschland emigrierte Familie von Tobias durchaus viel schlimmer kommen können. Denn in der Ukraine waren während des Zweiten Weltkrieges massenhaft Juden umgebracht worden und auch in Rumänien war ihr Blutzoll hoch. »Reinigung des Landes« nannte das mit den Deutschen verbündete Antonescu-Regime seine Form der »Endlösung«, bei der es von deutschen Einsatzgruppen und SS-Kräften unterstützt wurde. Zwischen 280.000 und 300.000 Juden verloren dabei ihr Leben.

Ihre Überlebens- und Fluchtgeschichte hat sich in das Gedächtnis von Tobias Händlers Familie tief eingebrannt. Wo sind wir zu Hause? Wie sicher leben wir? Diese Fragen haben sich nicht nur seine Großeltern und Eltern gestellt, sie treiben ihn selbst seit seiner Kindheit um. Wenn irgendwo Hakenkreuze geschmiert, Juden beleidigt oder bedroht werden, wenn auf Demonstrationen Israel und die ganze Judenheit verteufelt werden, fühlt man sich in der Familie mitgemeint. Nach den rechtsextremistischen Ausschreitungen in Hoyerswerda im September 1991, dem Mordanschlag von Mölln im November 1992, bei dem drei türkischstämmige Bewohner in einem in Brand gesteckten Haus ums Leben kamen, und weiteren Anschlägen fragte sich Tobias Händlers Mutter ernsthaft, ob sie weiter in Deutschland leben könne. Zusammen mit ihrem Bruder reiste sie nach Kanada, um das Land auf eine Auswanderung hin zu prüfen. Monica Händler hat sich schließlich entschieden, in Deutschland zu bleiben, wo sie bis zu ihrer Pensionierung als Lehrerin für Deutsch und Englisch arbeitete. Ihr Bruder dagegen siedelte 1994 mit seiner Familie nach Kanada über.

Das Gefühl von Unsicherheit und Angst kennt der 1981 geborene Tobias Händler, seit er denken kann. Dabei ist er wohlbehütet in Frankfurt aufgewachsen, besuchte dort die jüdische Schule und machte Abitur im Lessing-Gymnasium, wo er damals der einzige jüdische Schüler war. Das hatte den Vorteil, dass er nicht in einer rein jüdischen Umgebung aufwuchs, sondern viele nichtjüdische Freunde und Bekannte hatte. Darauf führt er sein entspanntes Verhältnis zu Nichtjuden zurück. Für ihn war es immer wichtig zu zeigen, dass Juden keine Exoten, sondern ganz normale Menschen sind. Er hat einst den evangelischen Pfarrer, der an seinem Gymnasium Religionsunterricht gab, zum Schabbat nach Hause eingeladen, auf dass er mit eigenen Augen sehe, dass Juden keine Außerirdischen sind.

Nach Teilnahme an einer Gedenkfeier zum Pogrom von 1938 kritisierte er in einem Brief an die damalige Frankfurter Oberbürgermeisterin Petra Roth, dass die traditionelle Veranstaltung am 9. November in der Frankfurter Paulskirche zu steril sei und die jungen Leute nicht anspreche. Im folgenden Jahr stand er als Abiturient nach einer Einladung von Roth selbst als Redner auf der Bühne. Der unverkrampfte Austausch zwischen Juden und Nichtjuden ist ihm, der nach einem Studium der Gesellschafts- und Wirtschaftskommunikation in Berlin viele Jahre bei einer großen Werbeagentur arbeitete, das größte Anliegen. In der Schweiz, wo er in Zürich lebt und bis vor kurzem eine Dependance der Hamburger Werbeagentur leitete, hat er einmal staunend erlebt, wie ihm ein Jude in seinem Haus am Zürichsee das Chirurgenbesteck seines Ur-Ur-Großvaters zeigte. Damals ist ihm bewusst geworden, dass die Familie seines Gastgebers schon seit Generationen sicher und angesehen in der Schweiz lebt. Für ihn, der aus einer Fluchtfamilie stammt, ist das eine Utopie, die auch einmal in Deutschland Wirklichkeit werden soll.

Kapitel 5
Stolz

Stolz. Warum haben sich die Juden während des Holocaust nicht gegen ihre Mörder gewehrt? Sie, die ohnehin in den Ghettos und Lagern dem Tod geweiht waren, hatten doch nichts mehr zu verlieren. Diese Überlegung ist schon vielen durch den Kopf gegangen in den Jahrzehnten nach dem Ende des Zweiten Weltkrieges. Manche, wie der berühmte Holocaustforscher Raul Hilberg, haben daraus den Opfern einen richtiggehenden Vorwurf gemacht. Resignation und Unterwürfigkeit der Juden seien immer beherrschende und unveränderliche Charaktere des jüdischen Lebens in der Diaspora gewesen, urteilte Hilberg scharf. Zudem hätten viele religiöse Juden traditionell an der Vorstellung gehangen, die göttliche Vorsehung werde sie retten. Deshalb hätten sie sich während der großen Judenvernichtung durch das nationalsozialistische Regime und seine Verbündeten wie Schafe zur Schlachtbank führen lassen.

Diese These Hilbergs ist viel beachtet und von vielen übernommen worden. Erst der Frankfurter Historiker und Auschwitz-Überlebende Arno Lustiger hat dem Meinungsführer Hilberg 1994 mit seinem Buch »Zum Kampf auf Leben und Tod!« über den Widerstand der Juden 1933 bis 1945 entschieden widersprochen. In seinem mittlerweile als Standardwerk anerkannten Buch führte Lustiger zahllose Beispiele jüdischen Widerstandes in Deutschland, Polen, dem Baltikum, der Sowjetunion, aber auch in Süd- beziehungsweise Südosteuropa und Westeuropa von Jugoslawien über Bulgarien bis zu Italien, Griechenland oder Frankreich auf.

Zuallererst muss man bei diesem Thema erwähnen, dass in den Armeen der Alliierten unzählige Juden an allen Fronten mitgekämpft haben. 20 Millionen Soldaten haben damals in den regulären Streitkräften der Sowjetunion, Englands, der Vereinigten Staaten und ihren vielen Verbündeten gedient, anderthalb Millionen von ihnen waren Juden. Gleich zu Beginn des Zweiten Weltkrieges beim Einmarsch der Deutschen in Polen kämpften 100.000 Juden in der polnischen Armee, was einen Anteil von zehn Prozent ausmachte. Etwa 550.000 Juden verteidigten die Demokratie und Freiheit als Streiter in der amerikanischen Armee, zahlreiche jüdische Soldaten waren bei der Befreiung der Lager in Deutschland, Polen und anderen Ländern in Europa dabei. In der britischen Armee gab es etwa mit der jüdischen Brigade sogar jüdische Spezialeinheiten aus Palästina. In diesem Buch berichten wir etwa von Hans Neumann, einem Sozialdemokraten aus Dresden, der zuerst im Spanischen Bürgerkrieg auf der Seite der Republikaner gegen die Faschisten kämpfte, später in der französischen Fremdenlegion in Nordafrika diente und schließlich als regulärer Soldat der französischen Armee an der Befreiung von Paris teilnahm.

Das bekannteste Beispiel jüdischen Widerstandes ist der Aufstand im Warschauer Ghetto Anfang 1943. Vom 19. April bis zum 16. Mai jenes Jahres traten die jüdischen Kämpfer mit der Waffe in der Hand gegen einen völlig überlegenen Gegner an. Die Einrichtung des Ghettos war am 2. Oktober 1940 von den Deutschen angeordnet worden, Mitte November wurde es vollständig abgeriegelt. Die jüdischen Parteien und Gruppierungen im Ghetto schlossen sich bald zum Jüdischen Nationalkomitee zusammen, dessen bewaffneter Arm die Jüdische Kampf-Organisation ZOB war. Doch was heißt hier bewaffnet? Anfangs bestand diese Bewaffnung aus nur einer Pistole. Auf lebensgefährliche Weise wurden, nachdem die im Untergrund arbeitende polnische Heimatarmee, größere Waffenlieferungen verweigert hatte, Pistolen und Gewehre von Kurieren aus dem Ghetto, meist Frauen, auf dem Schwarzmarkt gekauft und meist auf abenteuerliche Weise ins Ghetto geschmuggelt.

Die jüdische Untergrundorganisation baute im Ghetto mehr als 1.000 unterirdische Bunker und Verstecke. Als die Massendeportationen aus Warschau in die Vernichtungslager immer weiter andauerte, entschlossen sich die Kämpfer der jüdischen Widerstandsorganisationen zum Aufstand. Sie überraschten die Deutschen, die sich anfangs zurückziehen mussten, dann aber mit geballter Militärmacht zurückschlugen und schließlich das Ghetto vollständig eroberten.

Aufstände hat es aber auch in anderen Ghettos wie jenen in Wilna oder Białystok gegeben. Sogar in Vernichtungslagern kam es zu Erhebungen, so in Sobibor und Treblinka, doch darüber ist nicht allzu viel bekannt. Darüber hinaus führten jüdische Partisanen oft in enger Verbindung mit sowjetkommunistischen Partisanen einen Kleinkrieg gegen die deutschen Besatzer, besonders effektiv in den Sümpfen Weißrusslands.

Für Hilberg und andere Holocaustforscher galten nur der Aufstand oder der bewaffnete Widerstand bei den Partisanen als echter Widerstand. Lustiger und heutige Forscher halten auch nicht militärische Aktionen der verfolgten Juden für Widerstand, zum Beispiel die beharrliche Weigerung der Juden in den Ghettos, sich an die Gesetze und Verordnungen der deutschen Besatzer zu halten. Sie betrieben unter anderem eine »illegale Schattenwirtschaft«, sie hielten ein Ausbildungssystem aufrecht, übten weiter ihre Religion aus oder widmeten sich verbotenen kulturellen Aktivitäten.

Gegen Juden gingen die deutschen Besatzer in den eroberten Ländern besonders hart und brutal vor. Auch waren sie mit ihrer antisemitischen Propaganda bei den christlichen Bevölkerungen dieser Länder nicht unerfolgreich, denn die Juden fanden kaum Solidarität. Not und Hunger taten das ihre, um sie zu entmutigen, ebenso die anfangs großen Erfolge der Deutschen an allen Fronten. Für den Widerstands-Historiker Lustiger grenzt es denn an ein Wunder, dass Juden überhaupt Widerstand geleistet haben. Dass sie das taten, ist heute aber unumstritten.

Kapitel 5
Porträts

DANIEL NEUMANN

1973 in Jugenheim geboren. Rechtsanwalt, Autor und Vorsitzender des Landesverbandes Jüdischer Gemeinden in Hessen.

DANIEL NEUMANNS GROSSVATER ist ein echter jüdischer Held gewesen. Denn Hans Neumann, ein Sozialdemokrat aus Breslau, focht schon in der Weimarer Republik als Mitglied des freiheitlich-demokratischen Reichsbanners Schwarz-Rot-Gold auf der Straße gegen die Nationalsozialisten, später als Spanienkämpfer an der Front gegen die Franco-Faschisten und war danach als Soldat dabei, als die französische Armee mithilfe der westlichen Alliierten Paris von den Nazis befreite.

Hans Neumann war der lebende Beweis dafür, dass die Juden Europas sich während des Holocaust nicht allesamt wie die Lämmer zur Schlachtbank hatten führen lassen, sondern dass es unter ihnen nicht wenige Widerstandskämpfer gegeben hatte: Seien es die Partisanen etwa in den Sümpfen Weißrusslands oder die bis zum letzten Atemzug kämpfenden Todgeweihten beim Aufstand im Warschauer Ghetto, seien es die jüdischen Freiwilligen bei den Internationalen Brigaden im Spanischen Bürgerkrieg oder die regulären jüdischen Soldaten in der englischen, amerikanischen oder französischen Armee. Seit der Historiker Arno Lustiger zu diesem Thema 1994 das Standardwerk »Zum Kampf auf Leben und Tod! Das Buch vom Widerstand der Juden« veröffentlicht hat, ist dieser bis dahin weitgehend unerforschte Aspekt der Weltkriegsgeschichte nach und nach ins öffentliche Bewusstsein gedrungen.

Leider hat Daniel Neumann seinen Großvater nicht mehr erlebt, denn Hans Neumann starb 1972, ein Jahr vor der Ge-

Daniel Neumann und
sein Vater Moritz (links).

burt des Enkels. Von der Lebensgeschichte seiner Großmutter Frania hat er dagegen manches aus ihrem eigenen Mund erfahren. Sie habe ihm als Kind abends beim Einschlafen oft Geschichten von Auschwitz erzählt, erinnert er sich. Damals habe er dabei häufig Unbehagen empfunden, da er diese Geschichten noch nicht vollständig begriffen habe und sie ihn mitunter geängstigt hätten.

Heute kennt der Enkel die Geschichte seiner Großeltern fast aus dem Effeff, denn sein Vater hat sie in einem dokumentarischen Roman von fast 400 Seiten aufgeschrieben. Wobei Moritz Neumann in seinem 2005 erschienenen Werk »Im Zweifel nach Deutschland« das Leben seines Vaters Hans in den Mittelpunkt stellt und das Leiden seiner Mutter Frania nur in einem kurzen Abschnitt erzählt. Von den vielen Berichten von Holocaust-Überlebenden unterscheidet sich dieser fesselnde Roman dadurch, dass er nicht in erster Linie von wehrlosen Opfern erzählt, die im Ghetto oder im Lager massenweise getötet werden, sondern von jüdischen Helden, die sich gegen das ihnen von den Nazis bestimmte Schicksal wehren.

»Deutschland ist mehr als ein Haufen Verbrecher.«

Als Sozialdemokrat war Hans Neumann in seiner in Breslau hoch angesehenen bürgerlichen Textilhändler-Familie ein Außenseiter, von seiner Mutter liebevoll »Roter Buffke« genannt. Während die anderen Familienmitglieder darauf hoffen, der braune Spuk werde über kurz oder lang vorübergehen, erkennt er als einziger rechtzeitig die tödliche Gefahr, die Juden im nationalsozialistischen Deutschland droht, und emigrierte nach Prag. Doch nur abzuwarten, während sich der Faschismus in Europa auf dem Siegeszug befindet, ist seine Sache nicht. Er möchte den Feinden des zivilisierten Europas entgegentreten, schlägt sich nach Paris durch und tritt den Internationalen Brigaden bei, denen Freiwillige aus der ganzen Welt angehörten, die den Kampf der spanischen Republikaner gegen die Putschisten unter General Franco unterstützten. Als Fahrer eines gepanzerten Fahrzeuges, mit dem er Munition und Essen an die vorderen Kampflinien bringt, gerät Hans

Neumann immer wieder in Lebensgefahr, hält aber bis zum bitteren Ende durch, nämlich bis zu dem von der republikanischen Regierung Anfang 1939 angeordneten Abzug der Brigadisten über die Pyrenäen nach Frankreich. Schließlich landet er in Amsterdam, wo er mit dem Überfall der Deutschen auf die Niederlande am 10. Mai 1940 in der Falle sitzt.

Seine Rettung ist die Fremdenlegion, jener berühmt-berüchtigte Verband des französischen Heeres, das aus nichtfranzösischen Soldaten aus aller Herren Länder besteht. Hans Neumanns Hoffnung, nun gegen Nazi-Deutschland kämpfen zu können, erfüllt sich jedoch vorerst nicht, denn die Legion folgt nicht General Charles de Gaulle, der mit seinem Komitee »Freies Frankreich« von London aus den Widerstand gegen die Nazis propagiert, sondern dem neuen französischen Staatschef Marschall Philippe Pétain, der mit Hitler-Deutschland kollaboriert.

Gegen seinen Willen wird Hans Neumann aus der Legion entlassen und zusammen mit anderen deutschen Juden in ein Zwangsarbeitslager nach Französisch-Marokko verfrachtet. Zwei Jahre lang müssen Neumann und seine Kameraden nun unter Wüstenbedingungen Sklavenarbeit leisten beim Bau der Trans-Sahara-Eisenbahn. Doch immerhin werden sie nicht an die Deutschen ausgeliefert und bleiben dadurch vor Deportation und Ermordung verschont. »Lieber Wüstensand, Gluthitze und Pétain«, trösten sich die Zwangsarbeiter.

Mit dem Siegeszug der Alliierten wendet sich für Neumann das Blatt. De Gaulles Truppen erlösen ihn und seine Kameraden aus der Gefangenschaft im Arbeitscamp, endlich wird der jüdische Sozialdemokrat aus Breslau regulärer Soldat der französischen Armee und darf gegen die Nazis in Sizilien, Süditalien und bei der Invasion der Alliierten in Südfrankreich mitkämpfen. Allerdings nicht an vorderster Front, denn auch die Freien Franzosen hegen ein gewisses Misstrauen gegen Juden aus Deutschland.

»Was nun?«, lautete für Neumann die schwierige Frage nach der Kapitulation der Deutschen. Er hätte in Frankreich bleiben können, hätte sogar die französische Staatsbürgerschaft bekommen. Doch der Emigrant aus Breslau entscheidet sich für Deutschland – allerdings nur unter größten Zweifeln. Sein Heimatland werde jetzt ein anderes, ein menschliches Land werden, macht sich Hans Neumann Mut: »Deutschland ist mehr als ein Haufen Verbrecher. Es gibt die anständigen Deutschen, die besseren.« Die Suche nach seiner Familie, von der er hoffte, dass sie überlebt habe, endet deprimierend: Fast niemand ist übrig geblieben. Durch Zufall landet der Remigrant Neumann danach im hessischen Fulda, wohin es viele Überlebende verschlagen hat, die dort auf ein Visum nach Palästina, Amerika oder Australien hoffen. Als Sekretär der neu gegründeten Jüdischen Gemeinde hilft er ihnen, wo er kann.

In dieser Tradition stand auch sein Sohn Moritz, der viele Jahre die Jüdische Gemeinde in Darmstadt geleitet und als Direktor des Landesverbandes der Jüdischen Gemeinden in Hessen vor allem die Interessen der kleineren Gemeinden in diesem Bundesland gegenüber der Landesregierung und den Stadtverwaltungen vertrat. Und nun ist sein Sohn Daniel in seine Fußstapfen getreten. »Meine Familiengeschichte hat mich geprägt«, sagt er. Schon früh sei ihm klar gewesen, dass er sich für die jüdische Sache engagieren müsse. Er fühle sich in der Pflicht, das jüdische Leben in Deutschland zu festigen. Als Vorsitzender der Darmstädter Gemeinde, als Chef des jüdischen Landesverbandes, als Präsidiumsmitglied des Zentralrats der Juden in Deutschland oder als Vertreter der jüdischen Gemeinden im Rundfunkrat des Hessischen Rundfunks hat er alle Hände voll zu tun, sodass er seinem ursprünglichen Anwaltsberuf kaum mehr nachgehen kann.

Vier Kinder, viele Ehrenämter. Über seinen derzeitigen Brotberuf als Direktor des jüdischen Landesverbandes hinaus tanzt Daniel Neumann auf vielen Hochzeiten. Wie einst sein Vater, der als Journalist bei der Frankfurter Rundschau, der Jüdischen Allgemeinen und dem Darmstädter Echo gearbeitet hat, viele Jahre für die SPD ehrenamtliches Magistratsmitglied in Darmstadt war, die Gemeinde und den Landesverband leitete und unentwegt in der Gemeinde Konzerte, Vorträge, Ausstellungen und Synagogenführungen organisierte. Großvater,

Sohn und Enkel: Sie verkörpern ein engagiertes Judentum, das die Verhältnisse stets zum Besseren zu ändern versucht.

Sich etwa politisch wie sein Vater für die Sozialdemokratie zu engagieren, vermeidet Sohn Daniel weitgehend. Doch als Mann der Mitte und leidenschaftlicher Demokrat ist er keineswegs desinteressiert an Politik. Wenn er sich für den Erhalt des Judentums in Deutschland einsetzt, sich gegen Antisemitismus engagiert und für ein religiöses Gemeindeleben sorgt, handelt er seiner Ansicht nach durchaus politisch: »Nicht um einen Artenschutz für die jüdischen Gemeinden zu pflegen, sondern weil Fehlentwicklungen im Lande sich oft zuerst in Angriffen und Verleumdungen von Juden zeigen.«

»Meine Familiengeschichte hat mich geprägt.«

Doch trotz der »Heldengeschichte« seines Großvaters dürfe man nicht die Geschichte seiner Großmutter vergessen, glaubt der Enkel. Denn Oma Frania steht für das Schicksal der Millionen von Juden, die von den Nazis zur Schlachtbank geführt wurden. Frania Neumann, als Frania Broner im polnischen Bendzin geboren und aufgewachsen, musste nach dem Einmarsch der Deutschen mit ihrem Mann in ein dort neu eingerichtetes Ghetto umziehen und wurde im Januar 1943 zusammen mit den meisten anderen Juden aus Bendzin nach Auschwitz deportiert. Während der Selektion auf der Rampe hat sie ihren Mann Israel Londoner zum letzten Mal gesehen. Sie selbst wurde mit anderen jüngeren Frauen in eine Munitionsfabrik auf dem Lagergelände von Birkenau abkommandiert. Die Arbeit galt als Himmelfahrtskommando, immer wieder kam es zu Explosionen, bei denen Arbeiterinnen getötet wurden. Die Lagerleitung ließ das kalt, es gab ja genügend andere Arbeitssklaven. Um Ausfälle der Produktion durch Explosionen zu reduzieren, mussten die Frauen auch im Winter bei der Arbeit in Wannen stehen, die bis zu ihren Fußknöcheln und manchmal sogar bis zu ihren Waden mit eiskaltem Wasser gefüllt waren. Blasen- und Nierenerkrankungen waren deshalb an der Tagesordnung. Der Hunger war ein ständiger Begleiter der Arbeiterinnen, von der dünnen, lauwarmen Rübensuppe und dem Stückchen Brot, das oft auch noch verschimmelt war, konnten sie nicht leben und nicht sterben. Dazu kamen die Appelle in der Kälte, das Strammstehen, die Liegestützen, die Schläge mit der Reitpeitsche.

Im Herbst 1944 flogen immer wieder alliierte Flugzeugverbände über das Lager. Die Bewachungsmannschaften fürchteten eine Bombardierung ihrer Unterkünfte. Deshalb, daran erinnerte sich Frania ihr Leben lang, tauschten sie bei Luftalarm mit den Arbeiterinnen die Baracken. Diese durften für ein, zwei Stunden in die weichen Betten der Wachsoldaten umziehen, während diese auf den harten Pritschen der Frauen bis zum Alarmende ausharrten. Denn die Unterkünfte der Arbeiterinnen, so glaubten sie, würden nicht bombardiert.

Solche und andere Geschichten erzählte Oma Frania, die nach dem Krieg in Fulda Hans Neumann kennengelernt und geheiratet hatte, ihrem Enkel beim Einschlafen. Damals war Daniel Neumann irritiert und befremdet. Heute weiß er, dass Frania, die auf wundersame Weise Auschwitz überlebt hat, auf diese Weise ihr Trauma verarbeitete.

LUCY MELER UND JUDITH WROBEL

Lucy Meler kam 1952 in Buenos Aires in Argentinien zur Welt und ist Immobilienmaklerin in Frankfurt. Ihre Tochter Judith Wrobel ist Anwältin.

GODEL HUBERMAN und seine spätere Frau Mania Dreszer sind während des Holocaust aus dem Ghetto von Lublin geflohen und haben sich den Partisanen angeschlossen, die in den umliegenden Wäldern gegen die Nazis kämpften. Nach dem Angriff der Deutschen auf Polen im September 1939 und der Besetzung des Landes durch die Wehrmacht hatten die Familien der beiden ihren Heimatort, das kleine Städtchen Piaski Luterskie nahe Lublin, verlassen und in das von den Nazis eingerichtete Ghetto von Lublin umziehen müssen. Doch die beiden jungen Leute jüdischen Glaubens wollten sich nicht wie die Lämmer zur Schlachtbank führen lassen. Im Ghetto, so sagten sie sich, wird niemand überleben.

Wie ihre Tochter Lucy Huberman de Meler, die von allen Lucy Meler genannt wird, im Laufe ihres Lebens von ihren Eltern und von anderen Zeitzeugen erfuhr, versteckte sich ihr Vater Godel Huberman vor seinem Anschluss an die Partisanen einige Zeit bei einem polnischen Bauer, dessen Tochter in ihn verliebt war. Als er bald darauf mit Mania Dreszer, der Mutter von Lucy Meler, damals noch eine ganz junge Frau, aus seinem Heimatdorf ankam, merkten die Bauern schnell, dass diese Frau nicht seine Schwester war, wie Godel Huberman ihnen gegenüber behauptete. Trotzdem verrieten sie die beiden nicht an die Deutschen, wie viele andere Polen dies mit Untergetauchten taten. »Die Polen«, so klagte noch Jahrzehnte später

Lucy Meler und ihr Vater
Godel Huberman.

Godel Huberman gegenüber seinen Kindern und Enkeln, »waren manchmal schlimmer als die Deutschen.« Der Bauer, der ihn und seine spätere Frau einige Wochen versteckte, war jedoch ein aufrechter Mann, noch heute sprechen die Kinder und Enkel von Godel Huberman voller Hochachtung von ihm.

Nach ihrer Flucht aus dem Ghetto konnte das Paar die Großmutter und zwei Schwestern von Mania Dreszer dazu überreden, sich ebenfalls aus dem Ghetto davonzuschleichen und das Weite zu suchen. Dafür war Mania Dreszer mutig noch einmal heimlich ins Ghetto zurückgekehrt, um ihrer Mutter Grina Dreszer und ihrer kleinen Schwester Hanka bei der Flucht zu helfen. Es gelang ihr und Godel Huberman, sie im Lager ihrer Partisaneneinheit unterzubringen. Die Angehörigen von Godel Huberman dagegen wollten das Ghetto partout nicht verlassen. Sie haben diesen Entschluss mit ihrem Leben bezahlen müssen, alle wurden sie in Belzec, einem von drei im Rahmen der Aktion Reinhardt im Generalgouvernement im deutsch besetzten Polen im Sommer 1942 errichteten Vernichtungslagern, ermordet.

»[I]ch wollte immer, dass es ihm gut geht.«

Lucy Meler, die Tochter von Godel Huberman und Mania Dreszer, wie auch deren Enkelin Judith Wrobel sind stolz darauf, dass die Eltern beziehungsweise Großeltern Partisanen waren. Er habe keine Angst vor den Deutschen gehabt, erzählte Godel Huberman ihnen gerne. Doch von der Ermordung seiner Familienangehörigen in Belzec schwieg er, denn seine Kinder und Enkel sollten nicht traurig werden. Sie sollten nicht mit solchen schrecklichen Geschichten im Kopf aufwachsen, pflegte er zu sagen. Was Godel Huberman während der dreieinhalb Jahre bei den Partisanen an Schrecklichem erlebt hatte, konnte seine Tochter Lucy Meler nur ahnen. Einmal habe sie im Fernsehen mit ihrem Vater einen Film gesehen, in dem ein Jude sich vor den Nazis in einer Kloake versteckte. Ihr Papa habe ihr danach gesagt, er habe noch viel Schlimmeres durchgemacht, erinnert sich Lucy Meler.

Sie hat es als ihre Lebensaufgabe angesehen, ihren Vater glücklich und froh zu machen. »Ich habe ihn abgöttisch geliebt«, sagt Lucy Meler, »ich wollte immer, dass es ihm gut geht.« Godel Huberman, der 2002 gestorben ist, sei ein Mann gewesen, der seinen Kindern und Enkeln Wärme und Liebe gegeben habe. Ihre Tochter Judith Wrobel kann das nur bestätigen. Der Opa sei cool gewesen, immer liebevoll und locker, selbst im Alter noch jung im Kopf, sagt Enkelin Judith. Sie habe ein sehr enges Verhältnis zu ihm gehabt, zeitweise hätten sie jeden Tag miteinander telefoniert. Judith Wrobel verhehlt nicht ihren Stolz darüber, dass ihr Großvater und ihre Großmutter Partisanen waren. Auch ihr Sohn und ihre beiden Töchter kennen die Überlebensgeschichten von Godel Huberman und seiner Frau Mania. »Und unter meinen Freundinnen reden wir ständig über meine Großeltern«, erzählt Judith Wrobel. Denn vor allem ihr Großvater sei eine imponierende Persönlichkeit gewesen, die jedem aufgefallen sei.

»Und unter meinen Freundinnen reden wir ständig über meine Großeltern.«

Im Gegensatz zu ihrer Mutter hatte Judith Wrobel nie ein Problem gehabt, in Deutschland zu leben. Hier ging sie in Frankfurt zur Schule, studierte Jura und wurde Anwältin. Allerdings hat ihr England, wo sie mit ihrem Mann einige Jahre gelebt hat, besser gefallen. Dort sei jüdisches Leben viel selbstverständlicher als hierzulande. Ihrem Sohn und einer ihrer Töchter hat sie die Vornamen ihrer Großeltern gegeben, auf dass die Erinnerung an sie bestehen bleibe und die Familientradition fortgeführt werde.

Godel Huberman hat seiner Tochter Lucy und auch der Enkelin Judith viele Geschichten erzählt. Nur eine hat er ihnen vorenthalten. Sie handelt von einer Frau, die mit zwei Kindern und einem Baby im Partisanenlager ankam und um Hilfe bat. Ein Baby, so sagten einige, könne nicht bleiben, das sei zu gefährlich, weil es schreien und so die Deutschen auf sie aufmerksam machen könne. Godel Huberman stellte sich auf die Seite der Frau und konnte durchsetzen, dass sie mit ihren Kindern bleiben durfte. Er schenkte ihr sogar seine Stiefel. Genau diese Geschichte hat er in der Familie jedoch nie erzählt. Seine Tochter Lucy Meler erfuhr davon vor geraumer Zeit bei einem

Besuch in Israel, wo eine Frau, die sie in Tel Aviv kennengelernt hatte, ihr diese Geschichte erzählte.

Ihr Vater und ihre Mutter zählten zu jenen rund 100.000 Juden, die im Verlauf des Jahres 1942 aus den Ghettos in Polen flohen, um der Massendeportation in Vernichtungslagern wie Belzec zu entgehen. Die meisten wurden bei Suchaktionen von deutschen Polizeieinheiten und polnischen Kollaborateuren wieder aufgegriffen und oft an Ort und Stelle erschossen. Die Glücklicheren fanden den Weg zu den Partisanen. Viele der Partisaneneinheiten ernährten zivile Flüchtlinge, die sich in den Wäldern versteckten, sie errichteten Familienlager, in denen auch Frauen und Kinder überleben konnten. Nahrungsmittel für sie und sich selbst mussten die Partisanen bei den Bauern beschaffen, was nicht immer ohne Zwang geschah. Godel Huberman etwa besaß eine Pistole, mit der er sich bei der Beschaffung von Essen Respekt verschaffen konnte. Nie habe er etwas Negatives über das Leben in den Wäldern erzählt, erinnert sich seine Tochter. Es sei ihm sehr bewusst gewesen, dass er nur dadurch dem KZ und der Ermordung entgangen sei.

Vor einigen Jahren haben Lucy Meler und ihre Tochter Judith Wrobel die kleine Stadt Piaski Luterski im Südosten von Polen besucht, aus der Godel und Mania Huberman stammten. Sie haben dort keine guten Erfahrungen gemacht. Die Bewohner des früheren Hauses der Familie Huberman waren abweisend und erklärten sofort, sie hätten das Haus rechtmäßig erworben. Sogar der Gang auf die Toilette sei ihnen verweigert worden, berichten Mutter und Tochter. Die Leute, die sie dort auf der Straße angetroffen hätten, hätten nicht mit ihnen reden wollen. Schließlich stießen sie auf einen Mann, der perfekt Jiddisch sprechen konnte, weil er vor dem Krieg bei Juden gearbeitet hatte. Er führte sie zu einem Garten mit einem großen Baum. Hier, so erzählte er ihnen, sei ein Mitglied ihrer Familie, nämlich Lucy Melers Opa Jankel Dreszer von den Deutschen erschossen worden, denunziert von polnischen Dorfbewohnern, die gegenüber den Besatzern behaupteten, er sei Kommunist. »Das war er nie«, hebt Lucy Meler hervor. Die Polen hätten aus blankem Hass gegen die Juden gehandelt. Dort, unter dem

Baum, sei seine Leiche damals verscharrt worden, berichtete der Jiddisch sprechende Mann bei dem besagtem Besuch.

Godel Huberman und seine Frau Mania, die gleich nach der Befreiung Polens durch die Rote Armee Ende 1944 geheiratet hatten, merkten nach ihrer Rückkehr nach Piaski Luterski schnell, dass der Antisemitismus unter ihren polnischen Landsleuten weiterhin verbreitet war. Sie machten sich deshalb auf in Richtung Westen und landeten im DP-Lager Schlachtensee in Berlin. Dort lebten sie gut vom Handel mit Wertgegenständen, die die hungernden Deutschen gegen Nahrungsmittel eintauschten und die die Männer im DP-Lager über die Zonengrenze hinweg veräußerten.

Als 1950 der Koreakrieg ausbrach, fühlten sich die Hubermans in Berlin nicht mehr sicher und wanderten nach Argentinien aus, wo Lucy Meler 1952 in Buenos Aires zur Welt kam. Als die Eltern 1965 nach Deutschland zurückkehrten, fand sie das schrecklich. Wie sie nur im Lande der Mörder wohnen könnten, fragte sie ihre Eltern. Doch die hätten das nicht so empfunden. Lucy Meler glaubt, dass die vielen Freunde aus Lublin, die ihre Eltern in Frankfurt hatten, ihnen irgendwie das Gefühl gegeben hätten, nicht allein zu sein. Ihre Tochter dagegen wollte weg und verließ mit 18 Jahren Deutschland in Richtung Amerika. Nach zwei Jahren in San Francisco kehrte sie auf Bitten der Eltern nach Frankfurt zurück, und begann ein Pharmaziestudium. Irgendwann stieg sie in das Geschäft mit Textilien und Immobilien ein, das ihr Vater betrieb, der eine Bekleidungsfirma aufgebaut hatte und später auch noch mit Immobilien handelte.

»Meine Eltern ließen sich nichts gefallen.«

»Ich bin anders als die anderen«, sagt Lucy Meler von sich. Mit den »anderen« meint sie die Mitglieder der Jüdischen Gemeinde in Frankfurt, von denen viele aus Familien von KZ-Überlebenden stammen. Sie leben nach Meinung von ihr oft zu angepasst. »Meine Eltern waren keine Ghetto-Juden«, sagt Lucy Meler. Sie seien vielmehr mutige Partisanen gewesen, die ihr Leben und ihre Freiheit verteidigt hätten und dementsprechend selbstbewusst gewesen seien: »Meine Eltern ließen sich nichts gefallen.« Das hat offensichtlich auf Tochter Lucy abgefärbt. In ihr stecke eine kleine Rebellin, sagt die selbstbewusste Frau. Antisemitismus habe sie nie erlebt. Wahrscheinlich würde sie sich Judenfeindlichkeit auch nicht gefallen lassen.

JACKIE TROST

1948 in Berlin geboren. Hotelier.

MOSCHE TROST ist während des Zweiten Weltkrieges Partisan gewesen. Und er hat als Soldat der Roten Armee Berlin befreit. Ein Held also, möchte man denken. Doch ein solches Bild hat er seinem Sohn Jackie Trost nie vermittelt. Der weiß nicht viel über eine Heldenkarriere seines Vaters, außer dass die Sowjets auf ihrem Vormarsch auf die Partisanengruppe stießen, der sein Vater angehörte. Sie stellten den damals 25-Jährigen vor die Wahl: »Entweder du kommst mit uns oder wir erschießen dich.« Selbstverständlich wollte sich Mosche Trost nicht erschießen lassen, weshalb er sich der Roten Armee anschloss.

Er stand bei der Eroberung Deutschlands und dessen Hauptstadt Berlin freilich nicht mit dem Gewehr in der ersten Reihe, sondern schaffte in einer Versorgungseinheit Fleisch für die Soldaten herbei. Denn Fleisch war seine Sache, hatte er doch als Junge auf dem Bauernhof der Eltern in einem Dorf nahe der heutigen ukrainischen Grenze das Schlachten gelernt. Als Soldat der Roten Armee bekam er einen Spezialpass, der ihm erlaubte, herumzureisen und Schlachtvieh aufzutreiben.

Auch mit Heldentaten bei den Partisanen scheint es nicht weit her gewesen zu sein. Mosche Trost hat jedenfalls seinem Sohn nichts davon erzählt. Wahrscheinlich war sein Beitritt zu den Partisanen die einzige Überlebensmöglichkeit gewesen. Denn was sollte ein polnischer Jude damals viel anderes tun, nachdem sein Dorf von den Deutschen besetzt worden war und

Jackie Trost (Mitte) mit Vater
Mosche und Mutter Rachel.

wie vielerorts in den eroberten Gebieten die Juden erschossen wurden.

Aber wie gesagt: Der Vater hat nicht viel erzählt vom Krieg. Genauer gesagt: eigentlich gar nichts. Nicht anders hat es Jackie Trosts Mutter gehalten, die als Jüdin in einer christlichen polnischen Familie überlebte. Nie hat sie davon gesprochen, dass sie dort mit den Papieren einer Tochter dieser Familie ausgestattet worden war, dass sie mit der Familie Weihnachten und Ostern feierte und in die christliche Kirche ging. Von all dem wusste ihr Sohn jahrzehntelang wenig bis gar nichts. Denn in der Familie Trost war die Vergangenheit vergangen und wurde nicht in der Erinnerung wiederbelebt.

Wäre da nicht eine Cousine gewesen, die Tochter der Schwester seines Vaters, würde Jackie Trost bis heute nur vage ahnen können, wie seine Eltern den Krieg und den Holocaust überlebten. Diese Cousine konnte zumindest eine grobe Lebenslinie der Familie nachzeichnen und ihre Erkenntnisse an ihren Cousin weitergeben. In der Familie von Jackie Trost dagegen galt das eherne Gesetz des Schweigens und Verschweigens, wie es viele Töchter und Söhne und manchmal sogar die Enkel von Holocaust-Überlebenden erlebt haben, und das da lautete: Wir, die Überlebenden, erzählen euch Kindern nichts, damit ihr ohne seelische Belastung aufwachsen könnt. Und für die Söhne und Töchter galt: Wir, die Kinder, fragen die Eltern nicht nach ihrem Leid, weil das deren alte Wunden wieder aufreißen könnte.

Natürlich haben auch die Eltern von Jackie Trost unter ihren Erinnerungen gelitten. Da ist sich der Sohn sicher. Die Mutter, so glaubt er, mehr als der Vater. Jackie Trost und sein Bruder wussten jedenfalls, dass die Eltern in ihren jungen Jahren ein schwieriges Leben hatten. Wenn man wie sie viele Mitglieder der Familie verloren hatte, erschossen oder vergast von den Deutschen, hinterlässt das unweigerlich Spuren in der Psyche der Nachkommen. Doch wie tief diese Spuren in der Psyche seiner Eltern waren, davon hat Jackie Trost allenfalls eine starke Ahnung. Vielleicht war dieses Schweigen in diesem Fall genau der richtige Weg. Für seine Eltern, weil sie nach dem ganzen

Grauen ein recht gutes Leben führen konnten, für Jackie Trost und seinen schon verstorbenen Bruder, weil sie relativ unbeschwert aufwachsen konnten und kein Trauma erben mussten.

Als zwangsrekrutierter Soldat der Roten Armee ist Mosche Trost wegen des Kriegsverlaufs in Berlin gelandet. Denn dort fand das entscheidende letzte Gefecht zwischen den deutschen und den sowjetischen Truppen statt. Nach dem Ende des Krieges wollte Mosche Trost nicht in sein Dorf in Polen zurückkehren. Er machte sich zwar nach der deutschen Kapitulation einmal auf die Reise in seine alte Heimat, aber nur um die Überlebenden seiner Familie nach Berlin zu bringen. Unter diesen Überlebenden war auch Rachel Brandel, eine entfernte Verwandte. Sie wurde seine Frau und gebar 1948 in Berlin Sohn Jackie, der offiziell Jakob mit Vornamen heißt.

Berlin war für Mosche Trost allerdings nur eine Zwischenstation, wie alle in Deutschland gestrandeten Juden aus Osteuropa wollte er nach Amerika, Palästina oder ein anderes Land fern der Deutschen. 1949 gelang ihm die Auswanderung in die Vereinigten Staaten, zusammen mit seiner Frau und seinen beiden Söhnen setzte er seinen Fuß in das neue Land. Wo es ihn aber nicht lange hielt. 1952 fuhr er nach Äthiopien, um dort mit Partnern einen Schlachthof zu gründen und Israel mit Fleisch zu beliefern. An diese Zeit hat sein Sohn Jackie jedoch kaum noch Erinnerungen mehr, er war noch zu klein.

»Deutscher ist er nie geworden.«

Äthiopien pflegte damals gute Beziehungen zum jungen Staat Israel. Dieses afrikanische Land war Heimat einer jüdischen Minderheit, der Beta Israel – Haus Israel, die ursprünglich um den Tanasee lebte. 1975 erkannte die israelische Regierung diese Falaschen genannten Juden nach einem Grundsatzurteil des Rabbinats als echte Juden an und erlaubte ihnen die Einreise nach Israel. Ihre ohnehin schon prekäre Rolle in Äthiopien hatte sich nach dem Sturz von Kaiser Haile Selassie im Herbst 1974 laufend verschlechtert. Ihr Exodus begann 1977 und fand seinen Höhepunkt mit der Operation »Mose« im Winter 1984 und »Salomon« im Frühjahr darauf, in denen mehr als 20.000 Falaschen über eine Luftbrücke nach Israel ausgeflogen wurden.

Damals, Anfang der 50er Jahre, konnte Vater Mosche Trost noch ohne Probleme in Äthiopien Fleisch produzieren und in Büchsen nach Israel exportieren. Nach zwei Jahren kehrten er und die Familie wieder nach Amerika zurück, der Vater machte dabei aber einen Zwischenstopp in Frankfurt, wo er mit Partnern in einem ausgebombten Haus am Röderbergweg eine Fabrik für Damenstrümpfe gründete. Zurück in Amerika eröffnete Mosche Trost zudem eine Hühnerfarm in New Jersey. Doch schnell merkte er, dass der Job als Geschäftsführer einer prosperierenden Strumpffabrik in Frankfurt besser war als der eines Hühnerzüchters in Amerika. So landete 1959 die ganze Familie in Frankfurt, nahm bescheidenes Quartier in einer Einzimmerwohnung im Ostend und zog, als sich geschäftlicher Erfolg einstellte, 1964 ins vornehme Westend.

Hier in Frankfurt wurde der Sohn Jackie Trost, wiewohl die Familienangehörigen alle schon einen amerikanischen Pass erhalten hatten, erst ein richtiger Amerikaner. Denn seine Eltern schickten ihn auf die Schule der amerikanischen Armee an der Miquelallee. Deshalb spricht Jackie Trost besser Englisch als Deutsch, das er als Frankfurter ebenfalls bestens beherrscht, allerdings ist sein amerikanischer Akzent unüberhörbar. Bis heute fühlt er sich als ein Amerikaner in Frankfurt, wiewohl er die Mainmetropole ungemein schätzt und nicht mehr verlassen will.

Deutscher ist er nie geworden und wollte es auch nie. Er ist in Deutschland gelandet, weil er nach seinem Betriebswirtschafts- und Philosophiestudium in Washington und einem vier Jahre dauernden beruflichen Aufenthalt im Iran als Assistent der Geschäftsführung einer Baufirma des späteren Zentralratspräsidenten Ignatz Bubis am Ende in Frankfurt Hotelier wurde. Sein Vater hatte ihm den Vorschlag gemacht, im Frankfurter Bahnhofsviertel ein Hotel aufzumachen, er nahm ihn an. Das »Ambassador« ist heute noch im Familienbesitz, seit der Coronakrise hat Jackie Trost es aber verpachtet und sich in den Ruhestand begeben.

Apropos Iran. Unter dem Schah pflegten die Perser beste Beziehungen zu Israel. Die Baufirma von Bubis, für die Jackie Trost tätig war, durfte sogar in großem Stil Wohnhäuser für Militärangehörige bauen. Mit dem Sturz des Schahs und der Machtübernahme durch Ajatollah Chomeini sowie der Umgestaltung des Landes zu einer islamischen Republik verwandelte sich die Freundschaft zu Israel in eine Feindschaft, ja sogar eine Todfeindschaft. Die Mullahs möchten Israel bis heute von der Landkarte fegen und rüsten islamistische Milizen wie die Hamas in Gaza oder die Hisbollah im Libanon mit modernen Waffen für einen Krieg gegen Israel aus. Ohne die Unterstützung Irans hätte die Hamas wohl nicht Israel im Oktober 2023 so brutal angreifen können.

Zurück zu Jackie Trost. Sein Vater war nach Deutschland gekommen, weil er hier bessere Geschäftschancen hatte. Der Sohn ist hiergeblieben, weil es ihm und seiner Familie in der Mainmetropole immer ziemlich gut gegangen ist. Auch Jackie Trosts beide Kinder, die noch in Kanada geboren wurden, sind nach längeren Ausflügen nach Paris beziehungsweise nach London nach Frankfurt zurückgekommen. Antisemitismus hat Jackie Trost in Frankfurt eigentlich nie erlebt, nur zwei Male hat er judenfeindliche Bemerkungen gehört, ohne dass es aber zu einem Eklat gekommen wäre. Jackie hat von seinen Eltern kein Holocaust-Trauma geerbt, er stand immer mit beiden Beinen im Leben, fühlt sich aufgehoben im stark jüdisch gefärbten Freundeskreis, freut sich über seine beiden tüchtigen Kinder.

Und so wäre es wohl weitergegangen, wäre es nicht am 7. Oktober 2023 zu dem barbarischen Hamas-Massaker an Israelis an der Grenze zu Gaza und dem Krieg gekommen. Auf einmal wurde jedem, der Ohren hatte zu hören und Augen zu sehen, klar, wie tief der Antisemitismus hierzulande verwurzelt ist, vor allem auch in der muslimischen Bevölkerung. Seither macht sich auch der sonst so optimistische Jackie Trost Sorgen.

Kapitel 6
Trutzburg Familie

Trutzburg Familie. Nach der deutschen Kapitulation und dem Ende des Krieges waren die Holocaust-Überlebenden befreit und frei. Doch nicht nur ihre alte Welt lag in Trümmern: Viele Familienmitglieder waren ermordet oder verschollen, die Heimatstadt oder das Heimatdorf standen unter sowjetischer Herrschaft, der alte Besitz war geraubt oder zerstört, das Haus der Familie wurde von fremden Menschen bewohnt, jüdische Rückkehrer waren oft unwillkommen und wurden von den Nachbarn angefeindet. Viele Überlebende fanden sich deshalb schließlich in den von den Amerikanern und Engländern in ihren deutschen Besatzungszonen eingerichteten DP-Lagern für »Displaced Persons«, wo sie auf ein Visum zur Ausreise warteten.

Trotzdem ging das Leben weiter. Die Überlebenden verliebten sich, heirateten, gründeten Familien, bekamen Kinder. Viele Kinder, wie das oft nach Kriegen der Fall ist – übrigens auch unter der deutschen Bevölkerung während der alliierten Besatzung. Zwei, drei Jahre nach dem Holocaust hatten Tausende von jüdischen Überlebenden eine neue Generation zur Welt gebracht. Für viele war die Geburt eines Kindes ein symbolischer Sieg über Hitler, der ja alle Juden hatte ausrotten wollen.

Nichtsdestotrotz hat der Holocaust dazu geführt, dass die Überlebenden häufig ihr Urvertrauen in die Welt verloren hatten. Die Überlebenden seien sich schmerzhaft ihrer Verluste bewusst gewesen, sagt der Psychoanalytiker Isidor Kaminer. Sie alle hätten einen Weg finden müssen, diese Verluste auszuhalten. Einer dieser Wege war die Zeugung von Kindern, denn mit den Kindern, so glaubten viele, kommt das Glück zurück. Die Kinder sollten eine Quelle der Geborgenheit und eines erfüllten Lebens sein.

Für die Überlebenden, so schreibt die Gruppenanalytikerin Elli Kaminer-Zamberk, erschienen später Trennungen oft als Katastrophe, denn sie waren einst von ihren Eltern, Geschwistern, Cousins oder Tanten separiert worden und hatten diese oft nie wiedergesehen. Diese psychische Wunde blieb ihnen und sie drohte immer wieder aufzubrechen. Auch für die Kinder von Überlebenden, die die Gefühlswelt ihrer Eltern kannten oder zumindest erspürten, war laut Elli Kaminer-Zamberk jede Trennung und jeder Abschied schwer und bedrohlich.

Auf die Familie setzen Überlebende oft ihre größte Hoffnung, hier sollte möglichst alles heil sein. Um das Gleichgewicht in der Familie nicht zu stören, wurden Konflikte, soweit es ging, vermieden. Die Kinder wussten, dass sie ihre beschädigten Mütter und Väter schonen mussten, Wut, Ärger oder Kritik auf und an den Eltern waren deshalb weitgehend tabu. Das verhinderte unter den Söhnen und Töchtern häufig die natürliche Herausbildung einer eigenen Identität. Viele identifizierten sich so stark mit ihren Eltern, dass sie Einstellungen, die sich im Bewusstsein der Eltern während der Verfolgungszeit geformt hatten, zu ihren eigenen machten.

Die Kinder jüdischer Widerstandskämpfer demonstrierten etwa eine stolze und kraftvolle jüdische Haltung, wie Helen Eppstein in ihrem Buch »Die Kinder des Holocaust« darlegt. Im Gegensatz zu den Kindern von Überlebenden, die während der Shoa im Versteck gelebt oder sich als Christen hatten ausgeben müssen und dementsprechend oft ängstlich waren und zuweilen nur Kontakte mit anderen Überlebenden pflegten. Kinder von geretteten Juden, mit denen offen über ihre Erlebnisse während der Verfolgung zu Hause gesprochen wurde, gehen oder gingen Eppstein zufolge meistens unbefangener durchs Leben als Kinder aus Schweigefamilien.

Kapitel 6
Porträts

FISZEL AJNWOJNER

Vorsteher der Frankfurter Westend-Synagoge. Kurz nach dem Krieg im DP-Lager Föhrenwald geboren. Arbeitete nach seinem Wirtschaftsstudium in der Gastronomie.

WENN FISZEL AJNWOJNER in einer fremden Stadt ist, durchforstet er möglichst die dortigen Telefonbücher nach dem Namen Ajnwojner oder eng verwandter Namen. Vielleicht, so seine Hoffnung, findet er einen Verwandten. Gelungen ist ihm das bisher noch nie, aber sein Vater Calka Ajnwojner hat auf diese Weise einmal einen Familienangehörigen entdeckt. Allerdings einen sehr weit entfernten.

Seine nahen Verwandten: Vater, Mutter, Geschwister, Onkel, Tanten, Cousins und Cousinen hat der Vater damals in Polen allesamt verloren. Die gesamte Familie wurde nach dem Einmarsch der Deutschen in Polen 1939 erschossen oder vergast. Wer wie ermordet worden ist und wo, konnte der Vater nie genau herausbekommen. Er hat nur erfahren, dass gleich nach der Besetzung seines Dorfes in der Nähe von Lublin durch Einheiten der Wehrmacht reguläre deutsche Soldaten – nicht SS-Männer oder Mitglieder einer Einsatzgruppe – Juden erschossen.

Calka Ajnwojner ist der einzige aus der Familie gewesen, der überlebte. Seine Eltern hatten ihn, als die Deutschen näher rückten, dazu gedrängt, in Richtung Osten zu fliehen. Seine Mutter konnte ihm, einem jungen Mann, der noch nichts von der Welt gesehen hatte, in aller Eile noch ein Päckchen mit dem Notwendigsten zusammenpacken, dann machte sich Calka Ajnwojner auf in die Wälder. Bald stieß er auf einen Treck von Flüchtlingen, die ebenfalls den Deutschen zu entkommen versuchten, darun-

Fiszel Ajnwojner bei seiner Hochzeit. Rechts von ihm sein Vater Calka.

ter seine spätere Frau Chana. Über die Ukraine ging es Richtung Osten, schließlich wurden die Fliehenden von den sowjetischen Behörden in einen Zug gesetzt, der sie weit hinter dem Ural absetzte.

Die Stationen lauteten für Calka Ajnwojner und seine spätere Frau: Sibirien, Usbekistan, Kasachstan. Fürs sowjetische Vaterland und den »großen Stalin« musste der Vater von Fiszel Ajnwojner harte Arbeit verrichten. Als er mit Kameraden einmal zu einem Bergwerk transportiert wurde, wo sie unter Tage arbeiten sollten, sagte ein Aufseher zu ihnen: »Wenn's euch nicht gefällt – auf Wiedersehen« und wies mit dem Arm auf die unendlich weite Landschaft. »Warum bist du nicht gegangen?«, hat später einmal Sohn Fiszel seinen Vater gefragt. »Wie hätte ich gehen können bei einer Temperatur von minus 40 Grad, bei einer drei Meter hohen Schneeschicht und einer Gegend, wo man bis zum nächsten Ort zwei Wochen brauchte«, antwortete der Vater.

Das Leben war hart in Sibirien und Kasachstan, nicht nur für den Zwangsarbeiter Calka Ajnwojner und seine spätere Frau, sondern für fast alle Menschen in der damaligen Sowjetunion. Das Land trotzte unter unendlichen Mühen den deutschen Aggressoren, am wichtigsten war die Produktion von Panzern, Munition und anderen Militärgütern, die Versorgung der Zivilbevölkerung kam erst danach. Alle hungerten und froren, Calka Ajnwojner machte da keine Ausnahme. Immerhin hat er am Ende die siebeneinhalb Jahre in der Sowjetunion überstanden. Er lebte noch und hatte sogar in all der Not eine gute Frau gefunden. Am 2. April 1946 haben Calka und Chana Ajnwojner in Kasachstan geheiratet, einen Tag vor ihrer Repatriierung nach Polen.

Chana hatte mehr Glück gehabt als ihr Mann Calka, von ihrer Familie hat ungefähr die Hälfte überlebt, darunter ihre Mutter. Calka Ajnwojner hingegen hat sich ein Leben lang den Vorwurf gemacht, seine Eltern damals in Polen nicht mit zur Flucht überredet zu haben.

Sein Sohn Fiszel Ajnwojner wurde später in Frankfurt von seinen jüdischen Freunden darum beneidet, dass er eine

Oma hatte. »Wir waren ja eine Generation, die ohne Großeltern, Tanten oder Onkel aufwuchsen, die waren ja fast alle umgebracht worden«, sagt er. Eine echte Großmutter galt als großes Glück. Man war unter den jüdischen Familien schon froh, dass man überhaupt Familienangehörige hatte, wie entfernt verwandt sie auch sein mochten. Weil so viele aus der Familie ermordet worden waren, hielten die Überlebenden eng zusammen. Auch für die Ajnwojner war der Zusammenhalt äußerst wichtig, die Familie war eine Burg, die einen schützte. Fiszel und sein älterer Bruder waren denn auch für die Eltern ihr Ein und Alles. Fast überängstlich versuchten sie, die Kinder vor allen Gefahren, auch eingebildeten, zu schützen. Sohn Fiszel hat diese Angst von den Eltern übernommen, auch er sorgt sich übermäßig um seine vier Kinder.

»Auch ich bin bis heute übervorsichtig.«

Polen ist die ursprüngliche Heimat der Ajnwojner gewesen. Doch die Polen wollten die Ajnwojner nach dem Krieg nicht mehr dulden. Als Fiszels Eltern nach den Jahren in der Sowjetunion in ihr Dorf zurückkamen, verfolgten den Vater polnische Bewohner mit Prügeln und Latten und hätten ihn beinahe erschlagen. »Nie wieder!«, sagten sich Fiszels Eltern und verließen Hals über Kopf Polen. Ob des weiter flackernden Judenhasses im Nachkriegs-Polen war Calka Ajnwojner derart entsetzt, dass er Polen danach sein Leben lang gemieden hat: »Nicht für alles Geld der Welt würde ich dieses Land noch einmal besuchen«, pflegte er zu sagen. Auch sein Sohn Fiszel hat nie das Bedürfnis verspürt, einmal das Dorf seines Vaters in Augenschein zu nehmen. Das Trauma der Eltern wurde sozusagen an ihn weitergegeben.

Der Weg der Ajnwojner führte über Wien in das DP-Lager Föhrenwald bei München, wo unzählige andere gestrandete Juden auf ein Visum nach Amerika oder Palästina warteten. Die Ajnwojner wollten sogar einmal nach Bolivien, weil sie dort jemanden kannten. Doch alle Emigrationspläne zerschlugen sich, weil die Mutter krank war. So verging ein Jahr in Deutschland, dann ein weiteres, und noch eines. Schließlich blieb die

Familie hier. Genauer gesagt: Calka und Chana Ajnwojner zogen nach Frankfurt, mussten dorthin umziehen, weil das Lager Föhrenwald 1957 aufgelöst wurde. Die Verbliebenen wurden auf andere deutsche Städte verteilt, die Ajnwojner landeten in Frankfurt und wurden in einem Haus an der Waldschmidtstraße untergebracht, das zu einer kleinen jüdischen Enklave gehörte, in der Leute aus dem DP-Lager Föhrenwald wohnten und wo die Umgangssprache wie bei den Ajnwojner zu Hause Jiddisch war. Sie bildeten eine enge Gemeinschaft, die zum Teil bis heute trägt. Fiszel Ajnwojner zum Beispiel sitzt in der Synagoge mit Kameraden aus der Waldschmidtstraße zusammen.

Er, der Sohn von jüdischen Überlebenden, die der Erschießung und Vergasung durch Flucht in die Sowjetunion entkommen konnten, ist wie seine Eltern sehr religiös. Jeden Tag betet Fiszel Ajnwojner in der Frankfurter Westend-Synagoge, was für ihn naheliegt, denn er ist der Aufseher dieses Tempels, der während der Pogromnacht von 1938 von den Nazi-Horden zwar im Innern schwer beschädigt, zum Glück aber nicht niedergebrannt worden war. Die Amerikaner ließen das Gebäude nach der Befreiung Frankfurts schnell provisorisch herrichten und inzwischen dient die Synagoge, längst prächtig renoviert, der Jüdischen Gemeinde Frankfurt als zentrales Gotteshaus. Fiszels Eltern waren während der Verfolgungsjahre nicht wie manche andere Überlebende vom Glauben abgefallen. Die Enttäuschten machten dagegen ihrem Gott den Vorwurf, er habe sein Volk im Stich gelassen und das Morden nicht verhindert, während Fiszels Eltern ihm dankten, dass er sie beschützt hatte.

In der Familie Ajnwojner wurden die religiösen Rituale und Pflichten streng eingehalten. So untersagte die Mutter ihrem Sohn Fiszel während seiner frühen Schulzeit, am Samstag – damals gab es noch keine Fünf-Tage-Schule – in den Unterricht zu gehen. Sie teilte dem Lehrer einfach mit: »Der Fiszel kommt am Samstag nicht«. Und das wurde von der Schule akzeptiert. Später vereinbarte die Mutter mit der weiterführenden Schule, dass ihr Sohn am Samstag zwar kommen werde, aber nicht mitschreiben müsse.

Damals lebte die Familie Ajnwojner wie viele ihrer jüdischen Nachbarn in der Waldschmidtstraße in einer Art Mini-Ghetto. Der Kontakt mit der nichtjüdischen Umwelt blieb sehr beschränkt, die jüdischen Bewohner fühlten sich außerhalb ihrer Enklave unsicher und bedroht. Die alten Ängste vor einem Pogrom kamen bei den Ajnwojner vor allem am Karfreitag auf, wenn regelmäßig eine Prozession von Christen vorbeizog. An diesem Tag durften Fiszel und sein Bruder nicht das Haus verlassen. Dahinter stand die Erinnerung an das polnische Dorf, wo an Karfreitag die Juden oft von einem besoffenen Mob attackiert worden waren.

Geschäftlich waren die Eltern in Frankfurt erfolgreich, sie eröffneten zuerst einen Imbiss auf der Kaiserstraße in der Nähe des Hauptbahnhofs, dann mehrere Restaurants in Frankfurt und in Nachbarstädten. Auch ihr Sohn Fiszel war nach seinem Wirtschaftsstudium in dieser Branche tätig.

Die Ängste der Eltern hätten sich auch auf ihn übertragen, gesteht Fiszel Ajnwojner ein. Auch die vereinnahmende Liebe von Vater und Mutter zu ihren Söhnen und die überängstliche Vorsicht, die sie in der Familie hegten. »Auch ich bin bis heute übervorsichtig«, sagt er. Vor kurzem habe denn auch eine seiner Töchter zu ihm gesagt: »Ach Papa, komm endlich mal raus aus deinem Ghetto.«

BASIA SZLOMOWICZ

Geboren 1955 im DP-Lager Föhrenwald. Betrieb mit ihrem Mann viele Jahre lang ein Uhrengeschäft in Frankfurt am Main.

IM WESTEN RÜCKTEN DIE DEUTSCHEN VOR, im Osten drangen sowjetische Truppen in Polen ein. Wer war im Herbst 1939 für die bedrängten Polen der schlimmere Feind, wohin sollten Frauen, Kinder und Alte flüchten, wenn feindliche Soldaten näher rückten? Basia Szlomowicz' Großmutter Basia Scheid, die es als Witwe schon vor Kriegsausbruch schwer hatte, ihre Familie mit fünf Söhnen und einer Tochter durchzubringen, hat damals instinktiv das Richtige getan: Sie schickte zwei ihrer Söhne auf die Flucht in Richtung Osten. Nur weg von den Deutschen, sagte sie, schließlich hatte auch sie in Polen schon von dem mörderischen Hass der Nazis auf die Juden gehört.

Schnell stießen die beiden flüchtenden Söhne auf russische Soldaten. Zum Glück waren darunter zwei Juden, die den beiden weiterzuhelfen versuchten. »Wo kommt ihr her?«, fragten sie. »Wohin wollt ihr? Wen habt ihr zurückgelassen?« Als die jüdischen Soldaten erfuhren, dass die Mutter der beiden jungen Männer mit vier Kindern in Tomaszów verblieben war, rieten sie ihnen aufgeregt: »Geht zurück und holt eure Familie und eure Verwandten. Die Deutschen bringen alle Juden um.«

Woher sie das wussten, ist unklar. Doch sie hatten recht. Bekanntermaßen haben die deutschen Eroberer bald nach der Eroberung Polens die jüdische Bevölkerung dort in Ghettos und Lager verfrachtet und schließlich systematisch ermordet. Den beiden jüdischen Soldaten der Roten Armee, die damals

Basia Szlomowicz (Mitte) mit den Händen vor den Augen bei einer Familienfeier.

die beiden flüchtenden Söhne warnten, verdanken Basias Mutter Chana und deren sechs Kinder im Grunde genommen ihr Leben. Wären die beiden Söhne nicht dem dringenden Rat der zwei Soldaten gefolgt, wären sie nicht nach Tomaszów zurückgekehrt und hätten ihre Familie und ihre Verwandten nicht von der Notwendigkeit einer schnellen Flucht überzeugt, gäbe es heute in Frankfurt weder eine Basia Szlomowicz noch ihre Tochter Gitta und ihren Sohn Simon. Auch ihr Bruder Abraham verdankt ihnen sein Leben.

Basias Mutter Chana Ben hat über ihre Flucht und ihr Überleben nicht geschwiegen wie so viele andere ihrer Leidensgefährten, die damals ebenfalls durch meist wundersame Umstände der Vergasung, der Erschießung, dem Erfrieren oder Verhungern entgingen. Im Gegenteil: »Mutter hat immer wieder darüber geredet«, erzählt Basia. In der Familie, bei Treffen mit Freunden – wieder und wieder kam sie auf die Themen Flucht, Überleben, Rettung, Neuanfang in Deutschland zu sprechen. Auf diese Weise habe sie ihr Trauma verarbeitet, glaubt Basia. Und damit auch weitgehend verhindert, dass sich ihr Trauma auf ihre Kinder weitervererbte.

»Hätte ich ihn doch einmal gefragt.«

Vor allem die Jahre in der Sowjetunion waren für Basias Mutter ein wiederkehrendes Thema. Sie sprach von der Kälte und dem Hunger in einer Siedlung hoch im sibirischen Norden, wohin es die Familie auf ihrer Flucht vor den Nazis verschlagen hatte. Sie hatten nichts außer ein paar Schmuckstücke, die die Mutter nach und nach gegen Essen eintauschte. Sie, also Basias Großmutter, und ihre sechs Kinder lebten von dem wenigen, das sie in einem kleinen Garten anbauten und von ein bisschen Handel: Zum Beispiel dem Verkauf von Hosen, die sie mit Fell ausgefüttert hatten, auf dem Schwarzmarkt. Dem Verhungern entgingen sie dank einer Kuh, die die Mutter hatte kaufen können. Melken konnte sie das Tier nicht, diese Aufgabe übernahm ihre Tochter Chana. Es war ein primitives Leben dort in der sibirischen Siedlung fernab der gewohnten Zivilisation. Es gab keine ärztliche Versorgung, keine Medikamente –

was Basias Großmutter schließlich zum Verhängnis wurde. Sie erkrankte an Brustkrebs, dem sie ohne Schmerzmittel hilflos ausgesetzt war und dem sie schließlich erlag.

Immerhin überlebten ihre Kinder. Gerne wären sie nach Kriegsende in ihre Heimatstadt Tomaszów zurückgekehrt, nicht zuletzt, weil die Familie dort Besitz zurückgelassen hatte. Doch sie wurden gewarnt: »Geht nicht nach Hause, die Polen erschlagen die Juden.« So landeten sie in einer Art Kibbuz in Österreich, in dem sie sich auf die Aussiedlung nach Palästina vorbereiten sollten. Doch dazu ist es für Basias Mutter nie gekommen. In dem Kibbuz lernte sie Simon Ben kennen, ihren späteren Mann, der auf der Ausreiseliste ganz oben stand, dann aber doch wegen Chana blieb.

Auch er hatte den Holocaust in Sibirien überlebt, in einem Holzfäller-Camp, in deren Baracken Simon in bitterkalten Nächten das Haar an dem Holz der Pritsche anfror. Viel mehr, als dass er aus Warschau stammte, aus dem dortigen Ghetto nach Russland hatte fliehen können und seine gesamte Familie, darunter vier Brüder und eine Schwester, im Holocaust verlor, weiß Basia nicht über seine Geschichte. Denn der Großvater schwieg eisern sein ganzes Leben lang. Nicht einmal mit seiner Frau sprach er über sein Leiden.

Basia hat ihn freilich auch nie danach zu fragen gewagt. »Ich ahnte, dass wir etwas aufrühren würden, was ihm weh getan hätte.« Alles, was sie über das Schicksal ihres Vaters weiß, hat sie von ihrer Mutter erfahren. Heute macht sie sich Vorwürfe über ihre Zurückhaltung: »Hätte ich ihn doch einmal gefragt.«

Bis heute spricht Basia fließend Jiddisch. Das war die Sprache, die in ihrer Familie gesprochen wurde. Deutsch lernte Basia erst vor oder während ihrer Einschulung. Überhaupt lebte sie nach dem Neuanfang in Deutschland, wohin ihre Eltern nach der Zeit im österreichischen Kibbuz gezogen waren, in einer Nachbarschaft mit Jiddisch sprechenden Familien. Zuerst im DP-Lager Föhrenwald bei Wolfratshausen, wo sie 1955 zur Welt gekommen ist. Noch vor ihrer Geburt erkrankte ihr Vater an Tuberkulose. Frau und Sohn mussten fünf Jahre alleine zurechtkommen, denn Simon lebte so lange in einem Sanatorium im bayerischen Gauting, wo er lange um sein Überleben kämpfte. Später zog die Familie in ein Viertel nach München, in dem viele jüdische Familien wohnten. Danach baute sich Simon eine Existenz als Textilkaufmann auf. Er starb früh im Alter von 63 Jahren.

Mit 21 Jahren lernte Basia den Uhrmacher Feiwel Szlomowicz kennen, den sie 1977 heiratete. Sie zog zu ihm nach Frankfurt, wo sie im Uhrengeschäft von Feiwels Familie mitarbeitete. Viele Jahre betrieben sie gemeinsam einen Laden gegenüber dem Hauptbahnhof, später zogen Basia und Feiwel mit dem Geschäft in die Töngesgasse in der Innenstadt um.

Beide, Basia und Feiwel Szlomowicz, sind gläubig und fühlen sich eng mit ihrer Religion verbunden. Das haben sie von ihren Eltern übernommen, die trotz der Katastrophe der Shoa nicht wie so viele andere Überlebende ihren Glauben verloren hatten, sondern weiterhin als traditionelle Juden lebten. Die Eltern fanden ihr Glück in ihrer Tochter Basia und ihrem Sohn Abraham. So wie für sie war auch für ihre Kinder die Familie die Burg in ihrem Leben. Hier fühlten sich alle sicher, hier feierten sie jede Woche gemeinsam Schabbat und alle jüdischen Feiertage.

»Je älter ich werde, desto mehr trifft es mich.«

Nach dem Tod des Vaters lebten die Witwe mit Basia und Feiwel sowie deren Kinder Gitta und Simon lange in einer Wohnung im Frankfurter Gallus, die Eltern von Feiwel ein Stockwerk darüber. Allein sein, so erzählt Basia, konnte ihre Mutter nicht ertragen. Wahrscheinlich ist das eine Spätfolge des Holocaust-Schicksals ihrer Eltern. Schlimmer erging es Basias Schwiegermutter, die oft schreiend aus einem Albtraum erwachte. Nachts, so die Erfahrung vieler Überlebender, tauchen die Gespenster des Holocaust auf.

Niemals hat es Mutter Chana bereut, dass sie nicht wie ihre Brüder auswandern konnte. Basia ihrerseits wollte nie ins Ausland, denn: »Ich bin so richtig deutsch.« Natürlich nicht patriotisch deutsch, sondern deutsch in ihren Tugenden, also pünktlich, ordentlich und was man auch sonst damit verbindet. Jetzt, da sie und ihr Mann das Geschäft aufgegeben haben und die Kinder aus dem Haus sind, hat sie Zeit, mehr über ihr Leben und das ihrer Eltern nachzudenken. Basia glaubte lange nicht, dass der Schatten der Shoa ihr Gemüt verdunkeln würde. Doch jetzt merkt sie: »Je älter ich werde, desto mehr trifft es mich.«

Sorgen macht ihr wie fast allen Juden in Deutschland das Anwachsen des Antisemitismus. Immer Polizei vor der Jüdischen Schule oder dem Gemeindezentrum, immer Kontrollen am Eingang – das bedrückt sie mittlerweile stärker als früher. Und dann kam noch die Antisemitismus-Welle nach dem Terrorangriff der Hamas auf Israel im Oktober 2023 und dem anschließenden Gaza-Krieg. Das war auch für sie wie für die meisten Juden weltweit ein Albtraum.

Aber Basia Szlomowicz hat ja ihre Kinder und deren Ehepartner sowie zwei Enkelkinder. Gitta verwaltet Immobilien, Simon ist erfolgreich im Musikgeschäft unterwegs. Nach dem katastrophalen Einbruch des Bösen in die Familien Ben und Szlomowicz während des Krieges hatte wahrlich niemand geglaubt, dass Basia und ihr Mann Feiwel ihr kleines Glück ausgerechnet in Deutschland in Frankfurt finden würden.

Don't
Forget!
NEVER
AGAIN

Kapitel 7
Viertes Reich

Viertes Reich. Am 7. Oktober 2023, dem Tag des Überfalls von Hamas-Terroristen auf Israel mit etwa 1.200 getöteten Juden, sitzen in Berlin drei Jugendliche in der S-Bahn und unterhalten sich über das Massaker. Einer von ihnen sagt, dass er sich eine Million israelischer Opfer wünsche. Am 10. Oktober wird in Dortmund über einer Kneipe ein Banner angebracht mit der Aufschrift: »Israel ist unser Unglück«. Am 11. Oktober hört eine Jüdin im Zug von Göttingen nach Hannover, wie jemand laut sagt: »You should gas the jews.« Die Reihe ließe sich seitenlang fortsetzen. Mal behauptet ein Schüler »hinter den meisten Kriegen stehen immer Juden, sie machen Geld damit«, dann postete ein Münchener auf Facebook: »Jüdische Söhne sollen abgeschlachtet werden.« Oder ein Jugendlicher in Mannheim tritt an eine Gruppe heran, deren Mitglieder eine Mahnwache für die Hamas-Opfer abhalten, und sagt: »Hitler hat es gut gemacht.«

Die Wochenzeitung »Die Zeit« hat am 4. April 2024 unter der Überschrift »Was Juden seit dem 7. Oktober in Deutschland passiert ist« eine Chronologie abgedruckt: An jedem Tag finden sich antisemitische Sprüche, Parolen, Verwünschungen. Im Internet, als Schmiererei an Gebäuden oder in der Bahn, auf der Straße, im Restaurant.

Seit dem Überfall der Hamas auf Israel, dem Massaker an israelischen Zivilisten und dem anschließenden Gaza-Krieg rollte eine Welle des Antisemitismus und der Judenfeindlichkeit durch Deutschland, wie sie nach dem Zweiten Weltkrieg noch nie zu erleben war. »Der Pogrom ist in unser Leben zurückgekehrt«, sagt die 91 Jahre alte Charlotte Knobloch, die frühere Präsidentin des Zentralrats der Juden in Deutschland. Der Historiker Julius Schoeps, der aus der bedeutenden deutsch-jüdischen Familie Mendelssohn-Bartholdy stammt, sagte im Berliner Tagesspiegel, vieles, was sich heute anbahne, habe Ähnlichkeit mit den Geschehnissen vor und nach 1933. Unsere Gesellschaft, so seine pessimistische Einschätzung, habe keine wirklichen Antworten darauf, wie dem zu begegnen sei: »Das ist das Problem.«

Tatsächlich sind viele Juden in Deutschland nach dem Hamas-Überfall und dem damit verbundenen Aufflackern der

Judenhetze in Deutschland zutiefst verunsichert und denken darüber nach, in ein anderes Land zu emigrieren. Fragt sich nur: wohin? Israel, das jeden Juden aufnehmen würde, hat sich als verwundbar erwiesen und erscheint vielen nicht mehr als der sichere Hafen, als der das Land bisher galt. Auch in den klassischen Aufnahmeländern Amerika, England oder Frankreich grassiert seit dem Gaza-Krieg die Judenfeindlichkeit. Mit Emigrationsgedanken haben sich jüdische Holocaust-Überlebende ein Leben lang beschäftigt. Ihren Söhnen und Töchtern ergeht es nicht anders. Im Kopf spielen viele aus der zweiten Generation durch, wohin sie sich aus Deutschland womöglich retten könnten, wenn ein Viertes Reich über sie hereinbrechen sollte. Auch der dritten Generation sind derartige Überlegungen nicht fremd.

Das ist freilich nicht nur ein Phänomen, das deutsche Juden oder Juden in Deutschland betrifft. Auch in Frankreich und anderen europäischen Staaten, ja sogar in Amerika befassen sich jüdische Bürger mit Fluchtmöglichkeiten im Fall der Fälle. Man könnte den Eindruck gewinnen, dass dieser Fluchtreflex genetisch im jüdischen Volk verankert ist. Seit Jahrhunderten werden Juden immer neu verfolgt, erleben Pogrome, Ausgrenzungen, Vertreibungen. Diese Urerfahrung hat sich tief in das jüdische Gedächtnis eingeprägt. Sie gehört sozusagen zur jüdischen Identität.

In Deutschland hängt vieles davon ab, wie sich die AfD entwickelt: Ob die rechtsradikale Partei weiterwächst und womöglich in irgendeinem Bundeland eine Regierungsbeteiligung erlangt. In diesem Fall würden wohl einige jüdische Deutsche die Koffer packen. Sie glauben den AfD-Leuten nicht, wenn diese behaupten, sie stünden auf der Seite der hiesigen jüdischen Gemeinden. Insgeheim, so glauben viele Juden hierzulande, hat diese Partei nur Kreide gefressen. Tatsächlich lebt in ihren Augen in der AfD und anderen rechtsradikalen Vereinigungen der alte Antisemitismus weiter.

Während der vergangenen Jahre und Jahrzehnte haben die Juden in Deutschland in großer Zahl ihre Ängste vor einem neuen Nationalsozialismus und einem Vierten Reich weitgehend abgelegt. Sie und ihre Gemeinden haben sich geöffnet und nehmen engagiert am demokratischen Leben teil. Nach dem Schock des 7. Oktobers 2023 sagt der angesehene Historiker Schoeps, er habe Zweifel, dass die Entwicklung weiter nahtlos in eine bessere Zukunft übergehe. Der Antisemitismus ist aus seiner Sicht eine kollektive Erkrankung des Bewusstseins, die in Wellen komme und gehe. Er sei sich nicht sicher, ob judenfeindliche Wahnvorstellungen in den Köpfen der Menschen überhaupt bekämpft werden könnten. Die einzig mögliche Antwort auf Judenfeindlichkeit heiße »Bildung, Bildung, Bildung«. Und: »Aufklärung, Aufklärung, Aufklärung«.

Kapitel 7
Porträts

BARBARA BIŠICKÝ-EHRLICH

Geboren 1974 in Frankfurt. Arbeitet als Studiosprecherin und leitet Kindertheatergruppen. Engagiert sich bei der jüdischen Frauenorganisation WIZO.

BARBARA BIŠICKÝ-EHRLICH stammt aus einer ungewöhnlichen Familie von Holocaust-Überlebenden. Denn wiewohl alle ihre vor 1945 geborenen Angehörigen von den Nazis in Konzentrationslager verschleppt worden waren, lebten während ihrer Kindheit und Jugend in Frankfurt noch ein Opa, zwei Omas und sogar zwei Uromas. Nur wenigen Kindern aus Überlebenden-Familien ist so etwas vergönnt gewesen.

Helenka, die Großmutter väterlicherseits, hatte zusammen mit Urgroßmutter Stepanka Theresienstadt und Auschwitz überlebt, Großvater Tonda darüber hinaus auch noch Groß-Rosen, Buchenwald und Dachau. Mirek, der Großvater mütterlicherseits, kam ebenfalls über Theresienstadt nach Auschwitz, später nach Schwarzheide in Brandenburg und nach einem Todesmarsch als ausgemergeltes Skelett von 38 Kilo zurück nach Theresienstadt. Großmutter Eva verbrachte drei Jahre im Ghetto Lodz, bevor sie zunächst nach Auschwitz, dann zur Sklavenarbeit nach Christianstadt im heutigen polnischen Teil der Niederlausitz verlegt wurde, wo sich die größte Munitionsfabrik des Deutschen Reiches befand. Nach einem Todesmarsch nach Bergen-Belsen am 15. April wurde sie dort von den Engländern befreit.

Zwei Frauen waren für die 1974 in Frankfurt geborene Barbara die wichtigsten Bezugspersonen: Ihre Mutter Zuzka, die alles für ihre Tochter tat und für Barbara lange so etwas

Barbara Bišický-Ehrlich (Mitte) mit Mutter Zuzka (links) und Großmutter Helenka.

wie die »beste Freundin« war. Und Helenka, die Oma in Prag, die jahrzehntelang von schlimmen Albträumen verfolgt wurde, die erst aufhörten, als 1974 ihr Mann Toda starb. »Warum interessiert dich das alles?«, fragte Helenka ihre Enkelin, als diese bei ihrer Familienrecherche nicht lockerließ. »Mir ist nur wichtig, dass es dir gut geht. Geht es dir gut?«, fragte sie Barbara immer wieder. Die Nichte müsse ihr das öfter sagen, sie brauche das, erklärte die Großmutter.

Oma Helenka sei der gütigste und toleranteste Mensch gewesen, den sie jemals kennengelernt habe, erzählt Barbara Ehrlich. Nie habe sie ein schlechtes Wort über irgendjemanden gesagt, selbst über die Deutschen und die tschechischen Kommunisten nicht, die ihr das Leben doch so schwer gemacht hatten. »Sie war frei von Hass, Missgunst und Rachegefühlen.« Doch sie wollte nicht wie ihr Sohn Honza, der Vater von Barbara, nach dem gescheiterten Prager Frühling 1969 nach Deutschland emigrieren. Ihr war es am allerwichtigsten, dass es den Familienangehörigen gut ging. Das, so glaubt Enkelin Barbara, war für sie und viele andere Holocaust-Überlebende der Beweis, dass sich das Überleben gelohnt hatte.

Barbaras Großeltern väterlicher- und mütterlicherseits waren jüdisch, jedoch ohne ein tiefes Bewusstsein dafür. Zumindest bis die Deutschen die Tschechoslowakei überfielen und ihre Rassengesetze auch dort einführten: Sie ließen die Angehörigen beider Familien als Juden ins Ghetto beziehungsweise in Konzentrationslager verbringen. Was für die assimilierten Vorfahren von Barbara keine Bedeutung besaß, nämlich ihre jüdische Herkunft, entpuppte sich auf einmal als eine Lebensbedrohung. Jahre nach dem Krieg, während der antizionistischen Slánský-Prozesse von 1952, gerieten sie ein zweites Mal in die Mühlen der Verfolgung. Damals wurde Rudolf Slánský, der jüdischstämmige Generalsekretär der Kommunistischen Partei, zusammen mit 13 anderen Parteimitgliedern, darunter elf Juden, wegen einer angeblichen Teilnahme an einer trotzkistisch-titoistisch-zionistischen Verschwörung angeklagt und in einem Schauprozess verurteilt. Elf von ihnen wurden in Prag gehängt, drei erhielten eine lebenslange Freiheitsstrafe. Auch Barbaras Großvater Tonda und sein Bruder wurden von den Kommunisten verdächtigt, zionistische Gegner des Regimes zu sein. Nachdem Tonda sein Parteibuch zurückgegeben hatte, durfte er nur noch Hilfsarbeiten verrichten. Sein Sohn Honza blieb das Gymnasium verwehrt, er musste auf einem Internat eine landwirtschaftliche Ausbildung machen.

Auch Mirek, der Großvater mütterlicherseits, verlor während der kommunistischen Hetzjagd auf »zionistische Verschwörer« seine Arbeit in einer Motorradfabrik. Dank glücklicher Umstände konnte er aber die Leitung einer Genossenschaftsfabrik mit körperlich behinderten Mitarbeitern übernehmen und das Unternehmen zum Florieren bringen. Nach dem Einmarsch der Russen in Prag im August 1968 konnte der »Genosse Direktor« für seine Tochter Zuzka Ausreisepapiere nach Deutschland besorgen. Ein Jahr später wanderten auch er und seine Frau Eva nach Frankfurt aus.

»Sie war frei von Hass, Missgunst und Rachegefühlen.«

Die Traumatisierung durch den Holocaust hat sich unterschiedlich auf die Großeltern ausgewirkt. Oma Helenka sei herzensgut allen gegenüber gewesen, ihr Mann Tonda anständig und ehrlich sowie gegenüber seinem Sohn Honza voller Vertrauen, erzählt Enkelin Barbara. Die Großeltern hätten zwar unter einer Traumatisierung gelitten, die sich in Ängsten, Albträumen oder einem Ordnungsfimmel ausgedrückt habe. Doch sie fanden laut Barbara trotzdem Zugang zu ihren Gefühlen und konnten sie ihren Angehörigen gegenüber ausdrücken und weitergeben. Barbaras Großeltern mütterlicherseits hingegen, Mirek und Eva, waren durch den Holocaust schwer geschlagen: Er, der Vater, machte seiner Tochter Zuzka dauernd ein schlechtes Gewissen, dass sie sich zu wenig um ihn kümmere, und die Mutter verhielt sich ihr gegenüber gefühlskalt und unnahbar. Ihre Mutter, so Barbara, habe sich Zeit ihres Lebens verantwortlich für das Unglück ihrer Eltern gefühlt und habe immer um ein Zeichen von Liebe gekämpft.

Mutter Zuzkas ganze Sorge galt ihren Kindern. Vater Honza dagegen war ein harter Arbeiter, der sich vor allem um das materielle Wohl der Familie kümmerte und sonst wenig Worte machte. Zusammen mit ihnen, also Barbaras Eltern, bauten die Großeltern auf der Leipziger Straße in Frankfurt ein Textilgeschäft auf, in dem sie zu Schnäppchenpreisen Konkursware verkauften. Das Unternehmen florierte, doch zwischen Barbaras Eltern und den Großeltern traten immer stärkere Spannungen auf, sodass Zuzka und Honza sich schließlich geschäftlich von diesen trennten und eine eigene Boutique aufmachten.

Religiöses jüdisches Leben fand in Barbaras Familie anfangs überhaupt nicht statt. Die Feiertage wurden nicht zelebriert, jüdische Bräuche waren unbekannt. Barbara ging auch nicht auf die Jüdische Schule, sodass ihr Freundeskreis nichtjüdisch war, bis sie im Jugendzentrum der Jüdischen Gemeinde auch jüdische Freunde fand. Mit Antisemitismus kam sie in der Schule nie in Berührung, doch sie war trotzdem immer in einer Art Habachtstellung. Worte wie Zug, Waggon, Gas, Transport machten sie hellhörig und jagten ihr einen Schauer über den Rücken.

Ihr Leben verläuft durchaus erfolgreich. Nach einem Theaterstudium in Prag und einem Volontariat beim Südwestrundfunk arbeitet sie heute als Synchron- und Werbesprecherin, leitet Kindertheatergruppen und kümmert sich um ihre drei Kinder. Sie sei in einem fröhlichen und scheinbar unbeschwerten Haus aufgewachsen, sagte sie, doch unter der Oberfläche habe es Schmerz, Trauer und Tränen gegeben.

Nur nicht negativ auffallen, nicht anders sein – das sei leider viel zu lange ihr Antrieb gewesen. Als Angehörige der dritten Generation habe sie von Eltern und Großeltern die Angst übernommen: Angst vor dem Versagen, Angst vor Beurteilung, Angst davor, nicht zu genügen. »Uns wurde ein schlechtes Gewissen in die Wiege gelegt«, sagt sie über sich und andere ihrer Generation: »Wir haben verdammt noch einmal die Verpflichtung, glücklich zu sein und das Beste aus unserem geschenkten Leben herauszuholen.« Doch gerade dieser Druck lähme viele – ob sichtbar oder durch einen nach innen gerichteten Schmerz.

Barbara Bišický-Ehrlich hat sich halbwegs freigeschwommen, indem sie zwei Bücher über ihre Familie geschrieben hat: »Sag', dass es dir gut geht« und »Der Rabbiner ohne Schuh.

Kuriositäten aus meinem fast koscheren Leben«. »Für mich war das erste Buch wie eine Befreiung«, sagt sie. In ihrer Seele hätten sich Fenster geöffnet, durch die nun Luft hereinkomme. Auch zum Judentum hat sie längst einen Weg gefunden. Sie sei zwar nicht gläubig, aber sie verspüre eine starke jüdische Identität und fühle sich der Jüdischen Gemeinde zugehörig. So wie auch ihre Kinder. Ihr Land ist Deutschland, sie ist hier geboren, Deutsch ist ihre Muttersprache. »Ich bin Deutsche«, sagt sie – »aber mit Vorsicht«.

Das alles hat Barbara Bišický-Ehrlich vor dem 7. Oktober 2023, also dem Tag des Überfalls der Hamas-Terroristen auf Israel, erzählt. Dieser Tag war für sie ein Wendepunkt: »Für mich hat sich die Welt am 7. Oktober radikal gewandelt«, schreibt sie in einem Artikel für die Frankfurter Allgemeine Zeitung. Mit fast 50 Jahren sei ihr Leben erschüttert worden. Die Gräuel der Massaker in Israel verfolgten sie seither jede Nacht in ihren Träumen.

Mit ihrem oben erwähnten Buch über ihre Familie, das sie mit 42 Jahren verfasst hat, glaubte sie, sich das Leid ihrer Großeltern, die alle in Auschwitz oder einem anderen Lager waren, von der Seele geschrieben zu haben. »Ich meinte befreit zu sein von der Schwere des Holocaust.« Die Terror-Gräuel, das Leid und die Zerstörung in Israel und Gaza, die hasserfüllten Menschenmassen dort und in vielen islamischen Ländern, die die Vernichtung Israels und die Ausrottung aller Juden forderten, bereiten Bišický-Ehrlich Albträume.

Doch etwas anderes habe die kleine Blase ihrer behüteten persönlichen Welt platzen lassen: »Das betäubende Schweigen der Mehrheit meines nichtjüdischen Umfeldes«. Sie stehe plötzlich einer eiskalten Wand von Menschen gegenüber, die sich einst nach den islamistischen Attentaten in Frankreich »Charlie«, »Bataclan« oder nach dem russischen Überfall auf das Nachbarland »Ukraine« genannt hätten. Doch zum Hamas-Angriff auf Israel schwiegen sie. »Ich zähle offenbar nicht«, sagt Bišický-Ehrlich und fügt hinzu: Offenbar habe sie damit endlich das seit fünf Jahrzehnten in ihr schlummernde Trauma entdeckt, das ihre Omas und Opas ihr transgenerativ hinterlassen hätten, nämlich den Schmerz des Schweigens und die Leere der Einsamkeit.

GEORG LEVI

Lebt in Frankfurt. Facharzt für Hals-, Nasen- und Ohrenheilkunde.

EINE GLÜCKLICHE GROẞMUTTER inmitten ihrer Familienangehörigen. So hat Rafael Herlich die im September 2023 verstorbene Holocaust-Überlebende Agneta Levi, von allen Agi genannt, fotografisch eingefangen. Die Aufnahme symbolisiert einen der vielen kleinen Siege über den Nationalsozialismus, die die Überlebenden allein durch ihr Überleben erfochten haben. Für Agi, die als Jugendliche mehrere Konzentrationslager durchlebt hat, erschien damals ihre Zukunft aussichtslos. Ihre Enkelin Mimi hat das in einer Rede in Erinnerung an ihre Oma so ausgedrückt: »Du sagtest immer, du hättest dir niemals erträumen können, ein Kind, eine Schwiegertochter, Enkelkinder und ganz sicher nicht Urenkel zu haben. Umso mehr hast du uns immer spüren lassen: Wir waren dein Leben, wir haben dein Leben lebenswert gemacht.« Sie denke, so fährt die Enkelin fort, auch an Agis Ehemann Pitiu, an deren Geschwister und Tante, die die Oma seit so vielen Jahren vermisst und nach denen sie sich so sehr gesehnt habe.

Agneta Levi wurde 1928 als Agneta Kohn geboren. Ihre Familie stammte aus der Karpatenukraine, die in den Wirren zwischen dem Ersten Weltkrieg und dem Zerfall der Sowjetunion politische Wechsel am laufenden Band erleben musste. Ursprünglich zu Ungarn gehörend, fiel die Region nach dem Ersten Weltkrieg an die Tschechoslowakei, wurde 1939 von Ungarn besetzt, 1944 wieder der Tschechoslowakei zugeschlagen und 1946 von der Sowjetunion annektiert. Heute ist die

Georg Levi (rechts) mit seiner Mutter Agneta (Mitte) und seiner Familie.

Karpatenukraine Teil der Ukraine. In der Familie Levi, die ursprünglich aus dem ungarisch geprägten Teil Siebenbürgens stammt, wurde kein Ukrainisch gesprochen, auch nicht Jiddisch, sondern Ungarisch. Aus der Vorkriegszeit erzählte Agi viel von ihren Geschwistern, wie sehr sie ihre Schwester um deren Schönheit beneidete, dass sie damals ihre Haare in zwei wunderschönen geflochtenen Zöpfen trug und dass sie einen Hund hatte.

Als Juden hatten es die Angehörigen ihrer Familie während des Zweiten Weltkrieges im stark antisemitisch gestimmten Ungarn nicht leicht, wiewohl das Land vor der Besetzung durch die Wehrmacht im März 1944 trotz des Bündnisses mit Nazi-Deutschland innenpolitisch halbwegs selbständig war und zumindest den Schergen Himmlers den Zugriff auf die jüdische Bevölkerung verwehrte. Zwar griffen auch die Ungarn zuweilen zum Mittel der Judendeportation, doch das große Unglück für die ungarische Judenschaft und auch für die Familie Kohn begann erst mit dem Einfall der Deutschen und vor allem nach der von den Nazis geförderten Machtübernahme der faschistischen Pfeilkreuzler. Nun hatten die Nazis in Person des SS-Obersturmbannführer Adolf Eichmann freie Hand für die »Endlösung«: Zuerst zwangen sie mit ungarischer Hilfe die Juden in Ghettos, dann deportierten sie die Unglücklichen in großer Zahl nach Auschwitz. Auch die Familie Kohn.

»Heute würde ich mich mehr für die Geschichte meiner Eltern interessieren.«

Wie es seiner Mutter dort ergangen ist, hat Georg Levi, Agis Sohn, später immer nur stückchenweise in Erfahrung bringen können. Zwar verweigerte seine Mutter nicht die Auskunft, wenn er oder seine Frau sie nach ihren Erlebnissen während des Holocaust fragten. Doch es waren meist nur kleine Episoden, die Agi erzählte. Zum Beispiel das unentwegte Fantasieren in Auschwitz über üppige Mahlzeiten oder Überlegungen, wie man Kartoffelschalen am besten zubereiten konnte. In ihrem späteren Leben dachte Agi jedes Mal, wenn sie Kartoffeln schälte, an jene Tage in Auschwitz, da sie alles für Kartoffelschalen gegeben hätte, während sie nun die Schalen einfach wegwarf.

Dann war da die Geschichte von jenem Unteroffizier der deutschen Wehrmacht, der sie und ihre Leidensgenossinnen beaufsichtigte, als sie Panzergräben ausheben mussten. Der Mann habe nicht glauben können, was in Auschwitz passierte, erinnerte sich Agi: Er habe damals den weiblichen Häftlingen sein eigenes Essen zugesteckt. Im Gedächtnis geblieben ist Agi auch jene Situation, als sie in Auschwitz ihre Schwester Anniko traf, die für das Rote Kreuz arbeitete. Anniko ging los, um Agi Essen zu besorgen, doch als sie zurückkam, war Agi nicht mehr da. Die Schwester dachte, man habe Agi umgebracht. Später erfuhr sie, dass sie auf einen Todesmarsch geschickt worden war. Nach dem Krieg fanden sich die Schwestern wieder.

Agi erzählte auch von jener dramatischen Situation auf dem Todesmarsch zum KZ Groß-Rosen in Niederschlesien im Januar 1945. Sie war derart erschöpft, dass sie nicht weiterkonnte und sich niedersetzte. Ihre Tante, die wusste, dass die SS-Männer jeden erschossen, der keine Kraft mehr hatte, gab ihr in ihrer Not eine Ohrfeige. Empört über dieses Verhalten stand Agi wieder auf – und schaffte es tatsächlich weiterzumarschieren.

Agi hatte das Glück, dass ihr auf ihrem langen Leidensweg über Auschwitz, Groß-Rosen, Breslau, Mauthausen und Bergen-Belsen ihre Mutter und ihre Tante zur Seite standen. Auf dem Weg von Dresden nach Bergen-Belsen erlebte sie im Waggon die Bombardierung der Elb-Metropole und den großen Brand. Dünn gekleidet in Häftlingspyjamas froren sie zum ersten Mal nach vielen Wochen der Kälte nicht, weil die Hitze der Feuersbrunst sogar die eingeschlossenen Häftlinge erwärmte. Als die Deutschen am Ende Agi mit anderen Leidensgenossinnen im offenen Waggon bei Regen und Schnee nach Bergen-Belsen transportierten, legte sich die Mutter schützend über sie. Während Agneta Levi und ihre Tante das Elend in Bergen-Belsen überlebten, starb die Mutter an einer Lungenentzündung in den Armen ihrer Tochter. Noch Tage später konnte Agi die Schuhe der Mutter auf dem Berg von Leichen erkennen.

Agis Tante Mancika wurde für die damals Siebzehnjährige zur Ersatzmutter. »Du kommst mit nach Siebenbürgen«, ließ sie Agi wissen, und so kam sie in das Land, aus der ursprünglich ihre Familie stammte. Ihre Hoffnung, die Verwandten wiederzufinden, wurde bitter enttäuscht. Denn auch ihr Vater, der zusammen mit Agis Bruder Tibi den Nazis an verschiedenen Orten als Arbeitssklave hatte dienen müssen, überlebte nicht. Er und Tibi waren wenige Tage vor Kriegsende am Starnberger See von SS-Männern erschossen worden.

In Klausenburg machte Agi eine Ausbildung als Laborkosmetikerin und lernte Miklos Levi (Pitiu) kennen, den sie 1947 heiratete. Er stammte aus Nord-Siebenbürgen, das wie die Karpatenukraine dauernd den Besitzer gewechselt hatte. Als Jude durfte er in Ungarn nicht in der Armee dienen, sondern musste für die Armee Arbeitsdienst leisten. Als Verbündeter des Deutschen Reiches beteiligte sich Ungarn mit seiner 2. Armee am Russlandfeldzug Hitlers, ihre Aufgabe war es, die Front am Don zu verteidigen. Pitiu musste den weiten Weg von Ungarn bis an den Don zu Fuß zurücklegen.

Als die 2. Armee bei der sowjetischen Winteroffensive im Januar 1943 fast vollständig vernichtet wurde, gelang ihm die Flucht zurück nach Ungarn. Um ein Haar wäre er im Frühjahr 1944 als Jude nach Auschwitz deportiert worden, er saß schon im Waggon. Doch Freunde von ihm konnten ihn bei einem Halt des Zuges befreien und bei einem ungarischen Bauern unterbringen, der ihn in einem Loch versteckte, auf dessen Überdeckung Mist gestreut war, damit die Hunde von SS-Patrouillen ihn nicht riechen konnten. Drei Monate verbrachte er in dem engen Versteck, dann kam die Rote Armee. Als er sich den Russen stellte, wollten diese ihn als feindlichen Kämpfer erschießen, obwohl Miklos Levi sich als Jude zu erkennen gab. Erst als er einem jüdischen russischen Offizier aus jüdischen Büchern vorzulesen vermochte, glaubte man ihm.

1946 traf Pitiu in Klausenburg seine spätere Frau Agi, ihr Sohn Georg Levi, der heute in Frankfurt am Main lebt, wurde dort geboren. Die Familie wanderte aus Siebenbürgen, das nach dem Krieg an Rumänien ging, nach Belgien aus und baute sich dort ein neues Leben auf. Agis Schwester und ihre Tante lebten in Israel. Trotz der Distanz pflegte Agi eine sehr enge Beziehung zu ihnen und vermisste sie im Alltag sehr.

Für Agi war die Familie, so erzählen es ihre Familienangehörigen, das Wichtigste. Der Sohn, die Schwiegertochter, die Enkel hätten ihre Liebe immer spüren können. Sie habe viel von ihren Liebsten gesprochen, von ihren Eltern, ihren Geschwistern und ihrer Tante. Alle in ihrer Umgebung habe sie wissen lassen, wie stolz sie auf ihren Sohn, ihre Enkelkinder und ihre Urenkel sei und welche unendliche Dankbarkeit sie empfinde, dass sie eine so gute Schwiegertochter habe.

Ihr Sohn Georg absolvierte in Padua und Rom sein Medizinstudium, heute arbeitet er als Hals-Nasen-Ohren-Arzt in Frankfurt und ist mit Cornelia Maimon Levi verheiratet, mit der er drei Kinder hat. Die Geschichte seiner Familie hat er aus einzelnen Puzzleteilen nach und nach zu einem Gesamtbild zusammengesetzt. Nicht, dass sich seine Eltern kategorisch geweigert hätten, von ihrem Überleben zu erzählen. Wenn sie gefragt wurden, gaben sie durchaus Auskunft, allerdings nicht mit großer Begeisterung und systematisch. Aber auch Georg Levi fragte nicht systematisch und mit Nachdruck: »Heute würde ich mich mehr für die Geschichte meiner Eltern interessieren.«

Gewiss sei seine Mutter wie fast alle Holocaust-Überlebenden traumatisiert gewesen, sagt Georg Levi: »Aber sie hat das gut versteckt.« Tatsächlich hatte sie zum Beispiel immer Angst vor einer neuen Judenverfolgung. Das Trauma der Mutter hat auch auf den Sohn abgefärbt. Wie die Eltern habe er sich immer bemüht, nicht aufzufallen, sich anzupassen, im Hintergrund zu bleiben. Georg hat aber seine Lehre aus der Geschichte seiner Eltern gezogen: Der Holocaust sei möglich gewesen und könne durchaus wieder passieren. Deshalb müsse man eine solche Wiederholung unbedingt verhindern. Es sei die Verpflichtung aller Nachkommen der Überlebenden, gegen das Vergessen anzukämpfen und die Geschichten der Ermordeten und der Überlebenden weiterzugeben.

Seine Frau Cornelia Maimon Levi praktiziert das professionell: Sie führte für die Shoa Foundation von Steven Spielberg zahlreiche Interviews mit Holocaust-Überlebenden und ist Mitarbeiterin der Claims Conference, die sich für die Entschädigungsansprüche von Überlebenden einsetzt. Mit ihren Kindern hat das Ehepaar häufig über den Holocaust gesprochen, auch über den Leidensweg der Großmutter, wobei die drei Kinder Sandra, Mimi und Roni viel mehr aus dem Mund der Oma erfahren hatten. Denn den Enkeln Auskunft zu geben, fiel Agi leichter als dem eigenen Sohn und der Schwiegertochter.

Kapitel 8
Engagement

Engagement. Ausgrenzung, Verfolgung und Vertreibung sind seit biblischen Zeiten in die Geschichte des jüdischen Volkes eingeschrieben. Die Rettung aus der Sklaverei des Pharaos und der Auszug aus Ägypten bilden das zentrale Glaubensbekenntnis des Judentums. Nach der Eroberung Jerusalems und des Königreichs Juda durch den babylonischen König Nebukadnezar II. trieben die Sieger von 597 v. Chr. an große Teile des jüdischen Volkes ins Exil nach Babylon. Erst als der Perserkönig Kyros II. 539 das babylonische Reich unterwarf, endete die babylonische Gefangenschaft.

Die geistige Wurzel des späteren Antisemitismus findet sich in der traditionellen Ablehnung des Judentums durch das Christentum: Die christliche Kirche und ihre Gläubigen konnten es nicht akzeptieren, dass die Juden partout auf ihrer eigenen Religion beharrten. Der verhängnisvollste Vorwurf lautete: Die Juden seien Gottesmörder, weil sie die Kreuzigung von Jesus durchgesetzt hätten. Zu ersten schweren Verfolgungen in Zentraleuropa kam es im Zuge der mittelalterlichen Kreuzzüge, als Kreuzfahrer auf ihrem Weg ins Heilige Land brennend und mordend über jüdische Gemeinden etwa in den Städten am Rhein herfielen.

Immer neue Vorwürfe und Verdächtigungen wurden im Mittelalter gegen Juden erhoben, zum Beispiel dass Juden christliche Kinder entführten und töteten, um ihr Blut zu rituellen Zwecken zu verwenden. In den Zeiten der Pest wurde den Juden vorgeworfen, sie hätten die Brunnen vergiftet und so die Seuche ausgelöst. In der frühen Neuzeit kamen weitere Vorwürfe hinzu: Juden seien Wucherer oder Parasiten.

Die mörderischsten Folgen hatte der neuzeitliche Antisemitismus, der den Ausschluss von Juden pseudowissenschaftlich damit begründete, dass diese rassistisch minderwertig seien. Das Ergebnis war die von den Nationalsozialisten geplante und in die Wege geleitete vollständige Ausrottung der Juden – die zum Glück nicht gelungen ist.

Weil Juden seit mehr als 2.000 Jahren als Minderheit in vielen Ländern und Gesellschaften permanent Verfolgung drohte, haben sie ein feines Sensorium für Gefahren entwickelt. Sie ahnen oft früher als andere, dass sich etwas zusammenbraut oder dass untergründige Spannung sich zu entladen droht. Es gibt heutzutage wohl keinen Juden auf der Welt, der sich nicht schon einmal in Gedanken mit der Frage beschäftigt hat, wie er auf eine neue Verfolgungswelle reagieren sollte und in welches Land er gegebenenfalls flüchten könnte.

Viele Kinder und Kindeskinder von Holocaust-Überlebenden haben sich vorgenommen, präventiv alle Anzeichen einer neuen Judenfeindschaft zu bekämpfen. Sie engagieren sich zum Beispiel in zionistischen Organisationen und unterstützen den Staat Israel, den sie als Überlebensversicherung betrachten, weil er im Ernstfall jeden Juden aufnehmen wird. Andere sind in den jüdischen Gemeinden oder beim jüdischen Sportverein Makkabi ehrenamtlich tätig. Oder sie sind politisch und gesellschaftlich aktiv in Parteien, zivilgesellschaftlichen Organisationen oder in gemeinnützigen Vereinen. Wir haben bei unseren Gesprächen mit Überlebenden und ihren Angehörigen fast nur Leute getroffen, die wachen Sinnes die Welt beobachten und bereit sind, sie mit ihrem Engagement ein Stückchen besser zu machen.

Kapitel 8
Porträts

MANFRED DE VRIES

1950 in Recklinghausen geboren. Manager. Vorsitzender der Jüdischen Gemeinde Bad Nauheim.

»HITLER DARF NICHT IM NACHHINEIN SIEGEN«. Das war das Credo von Martha Markus und Ludwig de Vries, den Eltern von Manfred de Vries. Deshalb wollten sie, Überlebende des Rigaer Ghettos sowie von Auschwitz und des Konzentrationslagers Stutthof, nach dem Holocaust nicht nach Israel oder Amerika auswandern, sondern in Deutschland bleiben. Das war ihr Heimatland vor dem Holocaust und sollte es auch danach bleiben. »Wir lassen uns unsere Heimat nicht wegnehmen«, stellten sie klar. Und: »Es muss wieder jüdisches Leben in Deutschland möglich sein.« Seine Eltern seien stolze deutsche Bürger jüdischen Glaubens gewesen, und ein solcher sei er auch, sagt Manfred de Vries.

Seine Mutter und sein Vater haben, trotz ihrer Traumatisierung durch Auschwitz und Riga, ihre Heimat, in denen ihre Vorfahren jahrhundertelang gelebt hatten, nie aufgegeben. Martha Markus stammte aus einer Recklinghäuser Kaufmannsfamilie, die im Obst- und Gemüsehandel tätig war, Vater Ludwig aus Lathen im Emsland aus einer Dynastie von Viehhändlern. Nach dem Krieg fanden sie sich, heirateten und ließen sich in Recklinghausen nieder. Zuerst zogen sie in das alte, noch von den Nazis eingerichtete Judenhaus, dann in eine Wohnung in der Synagoge der neuen Jüdischen Gemeinde, die Ludwig de Vries 1950 gegründet hatte und die sich 1953 zur Jüdischen Kultusgemeinde Bochum-Herne-Recklinghausen erweiterte. Das Ehepaar de Vries brachte damals

Manfred de Vries mit dem Foto seiner Mutter Martha.

persönlich das Geld für den Bau dieses kleinen Gotteshauses auf, das nicht mehr war als ein Betsaal, der mittlerweile als Bibliothek der heutigen, in den 1990er Jahren errichteten größeren Synagoge dient. Dabei gab es 1950 kaum noch Juden in Recklinghausen, die neue Gemeinde bestand gerade einmal aus knapp zwei Dutzend Überlebenden. Oft fanden sich keine zehn Männer, um einen Minjan zu bilden, der nötig ist, um einen vollständigen jüdischen Gottesdienst abzuhalten. Deshalb kooperierte man mit anderen Gemeinden, um das Quorum zu erreichen.

Warum seine Großeltern und Eltern nach der Machtübernahme durch Hitler und die Nationalsozialisten Deutschland nicht verlassen haben? Seine Großeltern seien wie viele andere hier geblieben, weil sie keine Fremdsprachen gesprochen und nicht gewusst hätten, wie sie in der Fremde hätten materiell überleben sollen. Im Grunde genommen hätten sie trotz aller bösen Zeichen geglaubt, dass es irgendwie gut ausgehen würde, sagt Manfred de Vries. Das war ein Irrtum, der Großteil der Familienangehörigen seines Vaters und seiner Mutter wurden im Holocaust ermordet.

> »Es muss wieder jüdisches Leben in Deutschland möglich sein.«

Über ihr Überleben in Auschwitz haben seine Eltern nicht mit ihm gesprochen. Seinen Vater konnte der 1950 in Recklinghausen geborene Manfred de Vries nicht mehr befragen, denn der starb, entkräftet durch das Lagerleben, als der Sohn gerade einmal sieben Jahre alt war. Er weiß aber, dass der Vater zusehen musste, wie seine erste Frau und sein Sohn Leonardo vor seinen Augen erschossen wurden. Die Mutter litt ebenfalls unter den Nachwirkungen von Riga, Stutthof und den Todesmärschen. Durch die schlechte Ernährung dort hatte sie sich eine »Hungerleber« zugezogen und lebte fünf Jahre lang in einem Sanatorium, ohne aufstehen zu können. Ihren Kampfesmut hat sie trotzdem nie verloren. Sie schaffte es, dass nach dem Krieg die alten Nazis im Schlachthof von Recklinghausen gefeuert wurden und ihr Mann dort eine Stelle bekam. Bezeichnend für Martha de Vries, wie sie jetzt hieß, war ihre Anzeige gegen einen ihrer Peiniger, den sie nach dem Krieg wiedererkannte. Der Mann wurde verurteilt.

Manfred de Vries ist in die Fußstapfen seiner Eltern getreten. Als Vorsitzender der Jüdischen Gemeinde Bad Nauheim kämpft er unverdrossen gegen Antisemitismus in seinem Wohnort Neu-Anspach und in den umliegenden Städten und Dörfern der Wetterau, in denen mancherorts Rechtsradikale unverhohlen ihre Sympathien für das Dritte Reich zeigen. Unermüdlich arbeitet er daran, das Judentum und die jüdische Religion und Kultur zu erhalten und zu erklären.

Dass er einmal die Jüdische Gemeinde im Kurort Bad Nauheim leiten würde, war in Manfred de Vries' Lebensplanung wahrlich nicht vorgesehen. Denn er hat seine Jugend in England verbracht, studierte dort und wurde ein erfolgreicher Manager beim Kreditkarten-Unternehmen American Express. Auf der Insel war er gelandet, weil seine Mutter es sich in den Kopf gesetzt hatte, dass ihr Sohn auf eine jüdische Schule gehen sollte. In Deutschland war das nach dem Krieg nicht möglich, deshalb schickte sie ihn auf ein jüdisches Internat in England. Dort hat er seine Frau kennengelernt, eine Jüdin, mit der er einen Sohn hat. Damals bei der Hochzeit füllten die Angehörigen von Manfred de Vries gerade einmal einen Tisch, während die Familie seiner englischen Frau um die 20 Tische belegte – bis England hatte Hitlers langer Arm bekanntlich nicht gereicht.

Nach seinem Betriebswirtschafts-Studium in London und Stoke-on-Trent machte Manfred de Vries zunächst dann Karriere beim Kreditkarten-Unternehmen American Express. Irgendwann schickte ihn sein Unternehmen nach Frankfurt, wo die Deutsche Bank auf ihn aufmerksam wurde und ihn anwarb. 26 Jahre lang, bis zu seinem Ruhestand, arbeitete er in der Frankfurter Großbank, für die er eine Marktforschung aufbaute. Als er 1982 sein Haus in Neu-Anspach baute, wusste er noch nicht, dass es im benachbarten Bad Nauheim eine Synagoge gab. Davon erfahren hat er erst, als er ehemalige Usinger Juden, die auf Besuch in ihrer früheren Heimatstadt waren, zum Gottesdienst nach Frankfurt in die Westend-Synagoge bringen wollte. Der Usinger Bürgermeister klärte ihn auf, dass das Usinger Land zur Jüdischen Gemeinde Bad Nauheim gehöre und die Gäste dort in der Synagoge erwartet würden.

Die Synagoge in Bad Nauheim hatte die Pogromnacht von 1938 und den Krieg unbeschädigt überlebt – zumindest außen. Manfred de Vries spricht deshalb gerne vom »Wunder von Bad Nauheim«. Die Amerikaner, die im Frühjahr 1945 Bad Nauheim befreiten, setzten das beschädigte Innere des jüdischen Gotteshauses sofort wieder instand, sodass ein Gottesdienst abgehalten werden konnte – der erste jüdische Gottesdienst in Deutschland in einer Synagoge nach dem Ende der Nazi-Herrschaft. Damals zählte die neu gegründete Jüdische Gemeinde Bad Nauheim um die 1.000 Mitglieder: fast alle Juden aus DP-Lagern, von denen die meisten bald darauf nach Palästina/Israel oder in ein anderes Land auswanderten.

Nach ihrem Weggang lag das jüdische Leben in Bad Nauheim immer im Winter brach, um im Sommer wiederaufzublühen, weshalb man die jüdische Gemeinde dort als »Sommergemeinde« bezeichnete. Denn in den warmen Monaten kamen viele Juden als Kurgäste in das Städtchen in der Wetterau, das schon vor dem Ersten Weltkrieg zum mondänen Kurort mit Gästen aus aller Welt aufgestiegen war. Sie wussten, dass es dort nicht nur jeden Tag einen Gottesdienst in der Synagoge gab, sondern auch koscheres Essen. Bad Nauheim hatte sich nach dem Krieg nämlich stark auf Bedürfnisse jüdischer Gäste eingestellt.

Wären von 1990 an nicht Juden als Kontingentflüchtlinge aus der ehemaligen Sowjetunion nach Bad Nauheim gekommen, wäre die Jüdische Gemeinde dort, die nur noch aus ein paar wenigen Überlebenden bestand, wohl verkümmert. Heute gehören ihr fast nur eingewanderte Russen und Ukrainer an. In Zeiten des Ukraine-Krieges ist das Zusammenleben in der Gemeinde gar nicht so einfach, denn manche russischstämmigen Mitglieder, meistens ältere Leute, hören oder schauen russische Sender, die bekanntermaßen äußerst einseitig berichten. Der Gemeindevorsitzende de Vries steht fest an der Seite der Ukraine und hält mit seiner Meinung nicht hinter dem Berg.

So oft es geht, holt er Schulklassen in die Synagoge, auf dass die jungen Leute einen Einblick in das Judentum gewinnen können und er ihnen zeigen kann, dass Juden ganz normale Bürger sind. Doch nicht immer stoßen seine Einladungen auf Resonanz bei den Schulverwaltungen und Lehrern. Schon mehrfach hat de Vries Zusammenkünfte in »Abrahams Café« mitorganisiert, einer Veranstaltung an wechselnden Orten, bei denen Vertreter der drei Buchreligionen Judentum, Christentum und Islam über Themen wie etwa Heirat erzählen. Solche interreligiösen Gespräche funktionieren seiner Erfahrung nach nur, wenn jeder die Religion des anderen zu 100 Prozent respektiert.

Antisemitische Anpöbeleien sind de Vries nicht fremd. Einmal hatte er zum Beispiel einen Termin im Rathaus von Neu-Anspach. Dort traf er auf eine Person, die mit den Worten auf ihn zukam: »Sie sind doch Jude. Sie müssten eigentlich tot sein.« Ein andermal wollten während der Coronazeit Querdenker ausgerechnet an Jom Kippur, dem höchsten jüdischen Feiertag, in Bad Nauheim demonstrieren. De Vries konnte die Demonstration nicht verhindern, aber immerhin durchsetzen, dass der Zug 500 Meter Abstand von der Synagoge halten musste.

»Ich habe hier eine Aufgabe, ich bleibe hier.«

Trotz mancher judenfeindlichen Erfahrung kennt Manfred de Vries keine Anflüge von Resignation. »Ich bin ein Kämpfer«, sagt er von sich. Jetzt als Ruheständler könnte er nach Israel oder an einen anderen schönen Ort ziehen und es sich gut gehen lassen. Doch das wird er nicht tun, denn: »Ich habe hier eine Aufgabe, ich bleibe hier.« Ganz im Sinne seiner Eltern, die ihre Heimat auch nicht aufgeben wollten.

BENJAMIN GRAUMANN

1981 in Frankfurt geboren. Rechtsanwalt. Vorstandsmitglied der Jüdischen Gemeinde Frankfurt.

NIEMALS hat sich Dieter Graumann, der einstige Präsident des Zentralrats der Juden in Deutschland, mit seinen Eltern gestritten. Nur einmal waren Salomon und Cesia Graumann aufgebracht über ihren Sohn, als er ihnen nämlich kundtat, dass er Präsident des Zentralrats der Juden in Deutschland werden würde. Sein Vater weinte ob der Nachricht, er war enttäuscht und sagte sogar: »Ich werde daran sterben.«

Die Eltern waren auch schon dagegen gewesen, dass ihr Sohn sich in der Jüdischen Gemeinde Frankfurt und im jüdischen Sportverein Makkabi engagierte. Sie hatten sich immer an die Regel gehalten: Ein Jude in Deutschland sollte nicht auffallen. Als Holocaust-Überlebende glaubten sie, dass es für Juden in Deutschland gefährlich sei, in der Öffentlichkeit sich zu erkennen zu geben. Cesia und Salomon hatten während ihrer KZ-Zeit mehrere Selektionen überstanden, bei denen die SS-Leute Menschen willkürlich herausgegriffen und erschossen oder zu Tode geprügelt haben. Ihre Erfahrung lautete: Wenn jemand auch nur ein klein wenig auffiel, geriet er in tödliche Gefahr. Verhielt man sich dagegen unauffällig, wuchsen die Überlebenschancen.

Vor seiner Einschulung nahmen die Eltern ihren Sohn, der eigentlich den Vornamen David trug, beiseite und sagten ihm, es sei nicht gut, wenn jeder in der Schule wisse, dass er jüdisch sei. Sie setzten ihn in ihre Mitte und verkündeten ihm: »David, ab heute heißt du Dieter.« Bis heute hat er diesen Vornamen behalten.

Benjamin Graumann (rechts) mit seinen Großeltern Salomon, Cesia und Ehefrau Nathalie.

Dieter Graumanns Sohn hingegen trägt einen jüdischen Vornamen – Benjamin. In gewisser Weise ist er in die Fußstapfen seines Vaters getreten, denn er engagiert sich in der Jüdischen Gemeinde Frankfurt und ist in deren Vorstand gewählt worden – als erster aus der sogenannten dritten Generation, also aus der Enkel-Generation der Holocaust-Überlebenden. Während seine Großeltern widerwillig und mit einem ganz schlechten Gewissen in Deutschland und Frankfurt lebten, ist Benjamin Graumann ein überzeugter Frankfurter geworden. In der Mainmetropole hat er faktisch sein ganzes bisheriges Leben verbracht: jüdische Schule, Bettina-Gymnasium, Jurastudium an der Goethe-Universität. Jetzt arbeitet er als selbständiger Anwalt mit den Schwerpunkten Miet- und Arbeitsrecht.

Die Ängste, die seine Großeltern plagten, kennt Benjamin Graumann nicht. Er ist ein selbstbewusster Bürger dieses Landes und ein stolzer Jude. Er fühlt sich hier im Großen und Ganzen sicher und zu Hause – aber er ist nicht völlig unbeschwert. Aus dem Schicksal seiner Großeltern hat er gelernt, dass man sich als Jude nie völlig sicher fühlen darf. Benjamin Graumann spricht von einer besonderen Sensibilität gegenüber der sozialen Umwelt und den gesellschaftlichen und politischen Entwicklungen. Wenn die AfD bei Wahlen zulegt oder Antisemitismus auf der documenta zu registrieren ist, bereite ihm das große Sorgen. Und jetzt nach dem Überfall der Hamas auf Israel, dem blutigen Krieg um Gaza und in dessen Gefolge dem starken Aufflackern des Antisemitismus würden diese Sorgen noch größer. Unbeschwertheit, wie er sie bei der vierten Generation, also etwa bei seinen Kindern wahrnehme, gebe es in seiner Alterskohorte noch nicht, berichtet Benjamin Graumann. Man habe die Leiden und Traumata der Großeltern, die noch durch den Holocaust gegangen seien, gesehen und erlebt. Er und viele andere hätten daraus die Lehre gezogen: Augen aufhalten und die Entwicklungen scharf beobachten. Es sei die Aufgabe dieser dritten Generation, die Geschichten der Über-

»Deshalb engagiere ich mich und mache den Mund auf.«

lebenden, die sie noch aus erster Hand erfahren hätten, zu bewahren und weiterzugeben: »Deshalb engagiere ich mich und mache den Mund auf.«

Der Holocaust-Gedenktag finde für ihn und für die Angehörigen der zweiten und dritten Generation nicht nur am 27. Januar statt, für sie, deren Familien so viele Mitglieder in Auschwitz und anderswo verloren hätten, sei jeder Tag Holocaust-Gedenktag. Er selbst habe im Laufe seines Lebens fast alle Konzentrationslager einmal besucht – nur Auschwitz nicht. Dort die Einrichtungen des Massenmordes in Augenschein zu nehmen, sei für ihn bisher einfach eine zu große Last gewesen. Er habe sich aber fest vorgenommen, irgendwann einmal die Fahrt dorthin zu unternehmen.

Seine Großeltern haben ihm durchaus von ihren Erlebnissen im Holocaust erzählt. Aber nur, wenn er ausdrücklich danach fragte. Obwohl der Enkel eigentlich alles über ihr Schicksal wissen wollte, war er bei seiner Fragerei immer vorsichtig bis zurückhaltend. Er wusste, dass die Erinnerung an ihre Vergangenheit bei Oma und Opa eine große Belastung auslöste. Einmal wollte er als Schüler nach einem Besuch des Konzentrationslagers Buchenwald seinem Großvater Fotos zeigen, die er dort gemacht hatte. Dieser reagierte aber abweisend.

Die Verfolgung während der Shoa habe bei seinen Großeltern eine bis zuletzt klaffende seelische Wunde hinterlassen, beschreibt Benjamin Graumann seine Erfahrung. Es gleiche einem Wunder, dass sie danach dennoch ein lebenswertes Leben hätten führen können. Ihr Sohn und später auch ihr Enkel seien für sie ein Geschenk gewesen, der sie aus ihrem Schmerz gerettet habe, glaubt Benjamin Graumann.

Sein Großvater war in sechs verschiedenen Konzentrationslagern und hat die schlimmsten Dinge erlebt. Einmal musste er bei minus 25 Grad mit bloßen Händen Gleise verlegen. Reihenweise starben seine Kameraden. Als er mit 23 Jahren im KZ-Buchenwald befreit wurde, hat er von einer Familie, von einem Sohn und einem wirtschaftlichen Aufstieg nicht einmal träumen können. Ähnlich erging es seiner späteren Frau. Im DP-Lager Zeilsheim in Frankfurt lernten sie sich nach dem Krieg kennen, wollten aber nicht auf »verbrannter Erde« bleiben, weshalb sie nach Israel auswanderten. Weil der durch fünf Jahre KZ-Aufenthalt immer noch gesundheitlich angeschlagene Großvater die Hitze dort nicht ertrug, kehrten sie nach Frankfurt zurück. 1954 eröffneten sie in der Nähe der Hauptwache den »Henninger Quick«, den ersten Schnellimbiss in Deutschland und schafften sich durch harte Arbeit eine neue Existenz. Später baute der Großvater ein Mietshaus und wechselte nach und nach ganz ins Immobiliengeschäft. Mit großem Erfolg.

Selbstbewusst konnte sein Enkel Benjamin denn auch 2021 bei der traditionellen Gedenkveranstaltung am 9. November in der Frankfurter Paulskirche als Redner über seine Großeltern, seine Eltern und auch die jüngeren Generationen von Juden in Deutschland sagen: »Wir sind gekommen, um zu bleiben.« Die jüdische Gemeinschaft investiere in ihre Zukunft in Deutschland und in die ihrer Kinder. Er erinnerte daran, dass just 2021 das erste Mal seit 1939 in der Jüdischen Schule in Frankfurt Schüler das Abitur abgelegt hätten, dass die Gemeinde ein eigenes Familienzentrum eröffnet habe und der Zentralrat eine Jüdische Akademie in der Tradition des jüdischen Lehrhauses von Franz Rosenzweig baue.

Aber er und seine Generation seien gewiss nicht naiv und blauäugig. Man sehe die Gefahren des neuen Antisemitismus und werde sich mit aller Kraft gegen alle Gefahren wehren. Er und seine Mitstreiter müssten einen Spagat zwischen Vorsicht und Zuversicht ausführen. »Möge er uns gelingen«, lautet Benjamin Graumanns Wunsch. Seit dem Überfall der Hamas am 7. Oktober auf Israel, nach dem Massaker an Juden dort sowie der darauffolgenden Welle an Antisemitismus in Europa und Deutschland sei das alles andere als gewiss. Nicht nur die etwa 14.000 noch lebenden Überlebenden in Deutschland, sondern auch die Angehörigen der Zweiten und wie er selbst der dritten Generation hätten ob des Massakers der Hamas an Israelis, aber auch wegen des vielen Schweigens in Deutschland über diese Morde

» Viele Ängste sind bei uns hochgekommen.«

eine tiefe Traumatisierung erlebt. »Viele Ängste sind bei uns hochgekommen.« Wie verstört die Juden in Deutschland seien, könne man daran ablesen, dass am »Tag des Zornes«, den die Hamas im Oktober 2023 ausgerufen hatte, von den 600 Schülern des jüdischen Philanthropins in Frankfurt etwa 80 Prozent nicht in den Unterricht gekommen seien. Die Sorge der jüdischen Gemeinschaften in Deutschland sei groß, man frage sich überall, ob jüdisches Leben in Deutschland noch eine Zukunft habe. »Es kann wieder passieren, wenn wir nicht aufpassen«, warnt Graumann.

DANIEL KORN

1968 in Frankfurt geboren. Immobilienunternehmer.

DANIEL KORN BEZEICHNET SICH SELBST als jüdischen Deutschen. Er denkt und fühlt in vielerlei Hinsicht nicht anders als die nichtjüdischen Deutschen. »Mein Gehirn funktioniert deutsch«, sagt der 1968 in Frankfurt geborene Sohn des Gemeindevorsitzenden Salomon Korn, der eine gewichtige Stimme des deutschen Judentums ist und Präsident des Zentralrats der Juden in Deutschland geworden wäre, wenn er es denn gewollt hätte.

Wie deutsch Daniel Korn fühlt, hat er bei seinen Aufenthalten in Israel gemerkt. Pünktlichkeit etwa, die dort nicht besonders großgeschrieben wird, hält er für wichtig: »17 Uhr ist für mich 17 Uhr.« Seinem deutschen Ordnungssinn ging in Israel manches gegen den Strich. Er ist ein Mann, der klare Regeln liebt. Mittlerweile kann er auch schon mal im Fußball der deutschen Mannschaft die Daumen drücken. Als 2006 bei der Weltmeisterschaft in Deutschland das »Sommermärchen« ausbrach und überall deutsche Fähnchen geschwenkt wurden, hatte er freilich gemischte Gefühle. Die Zeit sei reif gewesen, für eine solche Deutschland-Party, sagt er. Doch zu nationalen Symbolen wie der Deutschland-Flagge habe er wie viele andere Juden in Deutschland weiterhin ein gespaltenes Verhältnis.

Seine Großeltern haben sich im Gegensatz zu ihm nie als Deutsche gefühlt, wiewohl sie die meiste Zeit ihres Lebens in Deutschland gelebt haben. Moishe und Luba Korn stammten aus Polen, wo ihre Vorfahren seit Hunderten von Jahren gelebt

Daniel Korn mit seinen Großeltern Moishe und Luba Korn.

hatten. Krieg und Shoa löschten ihre Familien weitgehend aus. Als die Deutschen 1939 in Polen einfielen, ahnte der damals 21 Jahre alte Moishe Korn, dass die Sache für die polnischen Juden schlecht enden werden. Er verabschiedete sich von seinen Eltern, floh in die Sowjetunion, verbrachte dort im Norden einige Zeit in einem Arbeitslager und landete schließlich in Kasachstan. Dort lernte er seine Frau kennen, die aus einem Dorf in der Nähe seiner Heimatstadt Lublin stammte und mit ihrer Familie ebenfalls nach Kasachstan geflohen war. Moishe Korn hat tragischerweise seine Eltern und seine anderen Familienangehörigen nie wieder gesehen, sie wurden alle von den Deutschen umgebracht.

Die Großeltern haben nicht alles in sich hineingefressen, Großvater und Großmutter erzählten später durchaus von ihren Erlebnissen, auch ihrem Enkel Daniel. Zum Beispiel von dem Fernhandel, den Moishe Korn damals in Kasachstan aufbaute: Mit einem Eisenbahnwaggon schickte er Waren aller Art – darunter vermutlich auch Schwarzmarktgüter – nach Moskau, wo er sie gewinnbringend verkaufte. Sein unternehmerisches Talent bewährte sich auch nach dem Krieg im DP-Lager Zeilsheim, wo es damals abenteuerlich zuging. Die Bewohner dort bekamen von den Amerikanern und jüdischen Hilfsorganisationen begehrte Waren, die manche auf dem schwarzen Markt etwa rund um den Frankfurter Hauptbahnhof anboten.

»Mein Gehirn funktioniert deutsch.«

Daniel Korns Vater Salomon ist noch in Polen zur Welt gekommen, am 4. Juni in Lublin, wohin Salomons Eltern von Kasachstan zurückgekehrt waren. Die Familie wollte nach Israel oder Amerika emigrieren, weshalb sie sich nach Westen auf den Weg machte und im DP-Lager Zeilsheim, wo zwischen Herbst 1945 und Herbst 1948 durchschnittlich etwa 3.000 heimatlose Juden lebten, strandete. Das Problem der Korns war, dass sie im russischen Exil überlebt hatten. Und Russland beziehungsweise die Sowjetunion war jetzt im sich verschärfenden Kalten Krieg für die Amerikaner der Hauptfeind. Diese fürchteten, kommunistische Agenten könnten ins Land kommen, und regelten deshalb die Einreise für Personen, die aus Russland stammten oder zumindest mit dem Land in Verbindung gestanden hatten, äußerst restriktiv. Sie müssten mindestens fünf Jahre auf ein Visum warten, wurde den Korns gesagt. Offiziell haben die Großeltern ihre Auswanderungspläne nie zu den Akten gelegt, doch nach und nach traten sie immer weiter zurück, nicht zuletzt, weil Moishe Korn als Immobilienunternehmer erfolgreich war.

Seine Großeltern hätten immer auf gepackten Koffern gesessen, erzählt Daniel Korn: Aber, wie sein Vater es einmal ausdrückte, »sie haben so viel in die Koffer gepackt, dass sie diese irgendwann nicht mehr heben konnten.« Sie waren und blieben Juden in Deutschland, denen das Land aber immer fremd blieb. Auch sprachlich. In der Familie sprachen sie Jiddisch, und wenn ihre Kinder sie nicht verstehen sollten, auch mal Polnisch. Ihr Deutsch war stark von einem jiddischen Akzent durchsetzt, erinnert sich ihr Enkel.

Ganz im Gegensatz zu ihrem Sohn Salomon Korn, dem Vater von Daniel, den man als einen Mann der geschliffenen deutschen Sprache bezeichnen kann. Er, der Architektur studiert und das Jüdische Gemeindezentrum in Frankfurt konzipiert hat sowie als Preisrichter und Sachverständiger bei zahlreichen Projekten mitwirkte, ist ein rhetorisch beschlagener Intellektueller, der viel publiziert und sich in große Debatten etwa über den Börneplatz-Konflikt in Frankfurt oder das Holocaust-Mahnmal klug zu Wort gemeldet hat. Salomon Korn zählt noch zu jener »Zwischengeneration«, die Verfolgung und Shoa nicht mehr bewusst erlebt hat, aber in der Familie direkt davon betroffen war. Auf ihn trifft nach Meinung seines Sohnes Daniel eher die Bezeichnung »deutscher Jude«. Hier lebend, sich einmischend, aber immer eine gewisse Distanz haltend zu dem Land, das seine Eltern verfolgt hat. Immerhin fühlt Salomon Korn sich in Frankfurt so heimisch, dass er hier für sich und seine Frau Maruscha eine Grabstelle gekauft hat.

Salomon Korns Vater und seine Mutter haben in Kasachstan überlebt, sein Großvater dagegen, der Rabbiner war, wurde 1942 mit einem Dutzend anderer Rabbiner von den deutschen Eroberern an den Stadtrand von Lublin geführt und erschossen. Ein Bekannter des Großvaters beobachtete den Zug und berichtete später, dass dieser zu singen angefangen habe. Er fragte Großvater Korn: »Warum singst du? Du wirst bald sterben!« Dieser soll freudig geantwortet haben: »Ich werde bald vor dem Ewigen stehen.« Sein Großvater sei ohne Angst in den Tod gegangen, erzählte Salomon Korn seinem Sohn Daniel. Um hinzuzufügen: Das sei damals eine ultraorthodoxe Welt gewesen, die wir heute nicht mehr verstehen könnten.

Salomon Korn ist Frankfurter, aber als »Frankfurter Bub«, wie sein Sohn Daniel sich selbst sieht, würde er sich wohl nicht bezeichnen. Daniel ist in der Mainmetropole zur Welt gekommen, ging hier in die jüdische Schule, machte Abitur an der Elisabethenschule. In Darmstadt hat er Informatik studiert und auch einen Doktortitel erworben. Seit 14 Jahren leitet er als Geschäftsführer das familieneigene Immobilienunternehmen.

Er hat immer aufmerksam zugehört, wenn seine Großeltern von der Zeit ihrer Verfolgung erzählten. Weil beide nicht in Konzentrationslagern oder Ghettos waren, sei ihnen das leichter gefallen als vielen anderen Shoa-Überlebenden, glaubt er. Daniel Korn weiß deshalb, woher seine Familie kommt: »Ich zehre davon.« Hat er etwas nicht mehr so genau in Erinnerung, kann er im Familienbuch nachschauen, in dem die vielen Interviews niedergelegt sind, die sein Vater Salomon mit seinem Vater Moishe in den 1980er und 1990er Jahren geführt hat. Oder er schaut sich das Interview an, das Großvater Moishe der Shoa Foundation gegeben hat, in dem er in Jiddisch über sein Leben erzählt.

»Meine Generation ist von Traumata geprägt, die sie nicht selbst erlebt hat.«

Trotz seiner deutschen Identität hat Daniel Korn eine gehörige Portion an Vorsicht gegenüber seinem Heimatland beibehalten. Er habe als Nachgeborener und Angehöriger der dritten Generation einfach die Lebenserfahrung seiner Eltern und Großeltern aufgesaugt und sei deshalb befangen. »Meine Generation ist von Traumata geprägt, die sie nicht selbst erlebt hat.« Das sei weiterhin ein ungelöstes Problem.

Den Nachkommen der Täter von damals geht es nach Ansicht Daniel Korns übrigens nicht viel anders. Auch viele von ihnen trügen noch eine Beklemmung mit sich. Der oft zwangsneurotische Pazifismus dieser Generation, der gerne vergesse, dass man die Freiheit verteidigen müsse, zeuge davon.

Was Daniel Korn seinem Sohn und seinen beiden Töchtern fürs Leben mitgeben will? Seine Erkenntnis, dass man sich hierzulande und fast überall sonst auf der Welt mit Antisemitismus ein Stück weit abfinden muss. Hierzu lautet sein Rat an die Kinder: Beißt euch nicht die Zähne daran aus, unverbesserliche Antisemiten zu überzeugen. Übt vielmehr einen positiven Einfluss auf jene aus, die Einfluss darauf nehmen können, dass Juden sicher und unbehelligt in Deutschland leben können.

NICOLE FAKTOR

Präsidentin der jüdischen Frauenorganisation WIZO in Deutschland. 1957 in Düsseldorf geboren.

RAUS AUS DEUTSCHLAND, so schnell wie möglich. Fast alle nach dem Krieg in Deutschland gestrandeten Holocaust-Überlebenden waren von diesem Wunsch getrieben. Nach Israel, nach England, nach Amerika, egal wohin, nur weg aus dem Land der Mörder. Die von den Amerikanern eingerichteten DP-Lager in Frankfurt, München und anderswo in der Westzone waren voll von Juden aus den zuvor von Nazi-Deutschland besetzten Ländern, die sehnsüchtig auf ein Einreisevisum in ein Land ihrer Träume warteten.

Die Eltern von Nicole Faktor saßen zwar nicht auf gepackten Koffern und warteten verzweifelt auf ein Visum. Doch auch sie wollten in den Nachkriegsjahren mehrfach Deutschland verlassen, einmal zum Beispiel sogar nach Venezuela gehen. Immer kam etwas dazwischen. Vielleicht hat für ihr Bleiben eine Rolle gespielt, dass Deutschland für Nicole Faktors Mutter Anneliese das Heimatland war. Denn sie war 1928 in Düsseldorf zur Welt gekommen, hatte hier ihre Jugend erlebt und den Holocaust überlebt. Das war ein kleines Wunder gewesen, schließlich waren auch sogenannte Halbjuden, wie im Dritten Reich Personen mit einem jüdischen und einem nichtjüdischen Elternteil umgangssprachlich bezeichnet wurden, vor dem Vernichtungswahn der Nazis oft nicht verschont geblieben. Viele wurden während des Krieges in Ghettos oder Vernichtungslager deportiert. Nicole Faktors Mutter ist dieses Schicksal erspart geblieben, weil ihr Vater Heinrich Bender, vom Regime

Nicole Faktor mit ihrer Mutter Anneliese.

als sogenannter Arier eingestuft, als Betreiber einer Spedition in Düsseldorf gute Kontakte besaß und alle Gefahren von seiner Familie abhalten konnte. Einmal fuhr er sogar nach Berlin, um an oberer Stelle die Deportation seiner Ehefrau Ida zu verhindern. Mit Erfolg.

Ida stammte aus einer orthodoxen Familie, die es nicht hatte akzeptieren können, dass sie einen Goj, einen Nichtjuden, geheiratet hatte. Eltern und Verwandte wandten sich von ihr ab. Nachdem die gesamte übrige Familie nach Amerika ausgewandert war, gab es über viele Jahre keinerlei Kontakt mehr mit der in den Augen der Verwandten Abtrünnigen. Während der Nazi-Zeit arbeitete Ida eine Zeit lang als Zwangsarbeiterin in einer Waffenfabrik, zeitweise war sie inhaftiert und rettete sich am Ende versteckt in Thüringen.

Ihre Tochter Anneliese Wartenberg, also die Mutter von Nicole Faktor, ist nach dem Krieg in Deutschland geblieben. Allerdings mit vielen Selbstvorwürfen. Und mit einem bis heute andauernden Misstrauen gegen die Deutschen. Eine Urszene aus ihrer Jugend hat sich in ihr Gedächtnis eingebrannt, immer wieder ist sie in der Familie darauf zu sprechen gekommen: Sie, eine sehr gute Schülerin, durfte wegen ihrer jüdischen Herkunft nicht aufs Gymnasium. Die Demütigung, am Zaun der Schule zu stehen und ihre Freundinnen zu sehen, wie sie auf die höhere Schule gingen, hat sie zutiefst verletzt.

Die Mutter von Nicole Faktor hat die Judenverfolgung als Abwendung ihrer sozialen Umgebung von ihr und ihrer Familie erlebt, sie sah, dass scheinbar zivilisierte Deutsche, viele bisher freundliche Nachbarn, dem Rassenwahn verfallen konnten. Es ging ihr nach dem Krieg wie vielen überlebenden Juden, die in Deutschland geblieben waren. Begegneten ihnen ältere Personen, fragten sie sich, was dieser Mann oder diese Frau wohl in der Zeit des Nationalsozialismus getan hatten. War dieser Mensch ein fanatischer Nazi gewesen, vielleicht sogar ein KZ-Scherge oder zumindest ein Mitläufer?

Tochter Nicole, 1957 in Düsseldorf geboren, hat während ihrer Kindheit und Jugend oft genug gehört oder erspürt, dass ein Jude eigentlich nicht in Deutschland leben sollte. »Das war

Teil meiner Erziehung«, sagt sie heute. Trotzdem ist sie nach ihren Worten relativ unbeschwert aufgewachsen. Der Krieg lag gefühlt ja schon weit zurück und sie war jung. Und doch hing Nicole Faktor nicht besonders an München, wohin die Familie aus geschäftlichen Gründen gezogen war, und auch nicht an Deutschland. Im Gegenteil: »Ich wollte weg.« Nach ihrem Abitur in der bayerischen Landeshauptstadt packte sie bald ihre Koffer und nahm 1982 ein Management-Studium in Los Angeles auf. Gute sechs Jahre lebte sie in Amerika, zuletzt arbeitete sie bei einem Unternehmen in New York, das beim Börsencrash im Oktober 1987 schließen musste. Dort, in New York, habe sie sich zum ersten Mal in ihrem Leben zu Hause gefühlt, sagt sie.

Die Rückkehr nach Deutschland fiel ihr nicht allzu schwer, weil sie zuvor bei einem Urlaub mit ihren Eltern in der Schweiz ihren späteren Mann Robert Faktor kennengelernt hatte. Mit ihrem MBA-Abschluss und ihrer Berufserfahrung in Amerika war sie beruflich gut qualifiziert. Nicole Faktor, ehemals Wartenberg, bewarb sich auf eine Stellenanzeige in der Frankfurter Allgemeinen Zeitung und fand eine Stelle bei einer Personalberatung in Frankfurt. Doch hielt sie sich die Option offen, nach sechs Monaten Probezeit in Frankfurt nach New York zurückzukehren. Aus diesen sechs Monaten sind mittlerweile mehr als 35 Jahre Leben in Frankfurt geworden. »Ich musste weit weg, um wieder die Nähe zu Deutschland zu finden«, fasst Nicole Faktor ihren Weg zusammen.

»Ich musste weit weg, um wieder die Nähe zu Deutschland zu finden.«

In München, wo sie zur Schule ging und Abitur gemacht hat, genoss sie eine jüdische Erziehung. Die Überlebenserfahrungen ihrer Eltern waren durchaus Gesprächsthema in ihrer Familie: »Der Holocaust war Teil meiner Kindheit.« Erstaunlicherweise war ihr Vater, ein ungarischer Jude, der ein Jahr Auschwitz überlebt hatte, weniger traumatisiert als ihre Mutter, der ein Lager erspart geblieben war. Nicole Faktor führt das darauf zurück, dass dem Vater der mörderische Rassenwahn der Nazis in Gestalt eines KZ-Systems entgegentrat, während ihre Mutter den Nazismus in Form von gleichgültigen oder fanatisierten Nachbarn erlebte, worüber sie enttäuscht und psychisch zutiefst verletzt war.

Natürlich hatte auch der Vater von Nicole Faktor Schlimmstes zu ertragen gehabt. Auf der Rampe in Auschwitz-Birkenau wurde er in die Reihe der Arbeitsfähigen gewiesen, sein Vater hingegen in jene Reihe, die direkt in die Gaskammer kommandiert wurde. Seine Familie stammte aus Klausenburg, das damals zu Ungarn gehörte und nach dem Krieg an Rumänien fiel. Ungarn war ein Verbündeter des Deutschen Reiches und kämpfte an der Seite der Deutschen gegen die Sowjetunion. Die Juden dort wurden immer mehr entrechtet, aber vorerst nicht umgebracht. Ungarische Truppen beteiligten sich zwar an der Verfolgung von Juden in den von ihnen eroberten Gebieten, indem sie zum Beispiel rund 20.000 jüdische Männer, Frauen und Kinder nach Galizien deportierten, wo sie im Sommer 1941 im Massaker von Kamenez-Podolsk von deutschen Truppen ermordet wurden. Auch kam es in dieser Zeit immer wieder zu Pogromen gegen Juden. Doch insgesamt blieben die ungarischen Juden vorerst einigermaßen vor Deportationen verschont.

Erst mit der Besetzung des mittlerweile gegenüber Nazi-Deutschland schwankenden Landes, das Kontakte zu den Alliierten aufgenommen hatte, fing der SS-Obersturmbannführer Adolf Eichmann, einer der Organisatoren des Holocaust, an, die »Endlösung« auch in Ungarn in die Wege zu leiten. Von Ende April 1944 an begannen die Deportationen nach Auschwitz, bei denen die ungarische Gendarmerie die Drecksarbeit machte. Von den mehr als 800.000 Juden in Ungarn überlebten gerade einmal 260.000. Darunter der Vater von Nicole Faktor.

Er kehrte nach seiner Befreiung nach Klausenburg zurück, verließ aber das Land, als er für einen Offizierslehrgang der rumänischen Armee eingezogen werden sollte. Sein Weg führte ihn nach Bayern in ein DP-Lager in Landsberg am Lech. Seine Frau Anneliese Wartenberg lernte dieser lebensbejahende, fröhliche Mann bei einer Art »Blind Date« kennen, das ein Bekannter arrangiert hatte. Er reiste nach Düsseldorf, wo ihn laut Familienerzählung seine künftige Schwiegermutter mit einem selbstgebackenen Kuchen bezirzte. »Der Apfelkuchen brachte meiner Mutter Glück«, erzählt Tochter Nicole. Die Hochzeit der beiden war die erste jüdischen Trauung in Düsseldorf nach dem Krieg und dem Holocaust. Beruflich etablierte sich der Vater als Textilkaufmann, zuerst mit einem Textilgeschäft in Düsseldorf, dann mit einer Textilfabrik in Augsburg.

Tochter Nicole Faktor, die bewusst jüdisch aufgewachsen und bis heute Zionistin ist, engagiert sich wie schon ihre Mutter bei der jüdischen Frauenorganisation WIZO. Seit 2006 arbeitet sie ehrenamtlich im Vorstand der WIZO Frankfurt, seit 2019 ist sie sogar ehrenamtlich Präsidentin der WIZO Deutschland, die zahlreiche Projekte in Israel unterstützt. Darunter viele pädagogische Einrichtungen wie Kindergärten, Schulen, Internate oder Therapiezentren. Einen großen Raum nimmt auch die Unterstützung von Frauen durch Frauenhäuser, juristische Beratungsstellen oder Hotlines ein. Nicole Faktor engagiert sich für Israel, weil dieser Staat ihrer Ansicht nach noch immer Garant für eine sichere Weiterexistenz des Judentums ist. Auch nach dem Gaza-Krieg.

PAVA RAIBSTEIN

1960 in Frankfurt am Main geboren. Geschäftsführerin der Kinder- und Jugend-Aliyah.

PAVA. Warum habe ich einen so außergewöhnlichen Namen, den sonst keiner hat und niemand kennt? Das hat Pava Raibstein, damals noch Pava Horowitz, als Kind ihren Vater Jakob Horowitz gefragt. Und der hat ihr die ganze schreckliche Geschichte seiner Familie in Polen nach dem Einmarsch der Deutschen 1939 erzählt.

Die Familie Horowitz lebte damals in Petrikau (Piotrków Trybunalski) im polnischen Distrikt Radom. Der Vater von Jakob, Aron Horowitz, war dort Steinmetz, seine Frau Masza Schneiderin. Das Ehepaar hatte drei Kinder, zwei Mädchen und einen Jungen, eben jenen Jakob. Bald nach ihrem Überfall auf das Nachbarland richteten die Deutschen in Petrikau ein Ghetto ein, das erste in Polen. Etwa 30.000 Juden, darunter die Familie Horowitz, wurden dort zusammengepfercht. 27.000 von ihnen ließen die Deutschen im Herbst 1942 nach Treblinka deportieren und dort vergasen, darunter die Mutter und ihre Tochter, die sechsjährige Pava. Nach ihr, seiner Schwester, hat Jakob Horowitz seine 1959 in Frankfurt geborene erste Tochter genannt – Pava Raibstein, heute Geschäftsführerin der Kinder- und Jugend-Aliyah Deutschland, die Projekte in verschiedenen israelischen Jugenddörfern unterstützt.

Für die junge Pava war die sehr frühe Erzählung ihres Vaters über die Geschichte seiner Familie während des Holocaust nicht leicht zu verkraften. Sie hat sie danach noch viele Male gehört. Ihr Vater, so sagt sie, war besessen davon, sie

Pava Raibstein mit ihrem Vater Jakob Horowitz.

immer wieder zu erzählen. In ihrer Familie gab es nicht jene »doppelte Wand des Schweigens«, die in vielen anderen Familien von Überlebenden das Leben bestimmte: Die Eltern schwiegen sich über ihre Holocaust-Vergangenheit aus, um ihre Kinder zu schützen. Diese fragten aus dem gleichen Grund Vater oder Mutter nicht nach ihren damaligen Erlebnissen. Pava ist heute froh darüber, dass es bei ihr zu Hause diese doppelte Wand nicht gab: »Es war für mich besser, alles erfahren zu haben.«

Ihr Vater Jakob Horowitz, damals ein 13-jähriger Junge, ist im Herbst 1942 der Deportation entgangen, weil ihn ein von seinem Vater Aron ausgebildeter polnischer Arbeiter versteckte – sechs Wochen lang in einer Gruft auf dem katholischen Friedhof. Jakob verließ sie nur nachts, um seine Notdurft zu verrichten und sich etwas zu bewegen. Sein Retter hatte vor seiner Tat erfahren, dass die Deutschen mit der Räumung des Ghettos beginnen wollten und hatte den vorbeikommenden Jakob versteckt.

Als nach drei Monaten der Winter hereinbrach und Jakob nicht länger in der kalten Gruft hausen konnte, schmuggelte der Pole ihn ins Ghetto zurück. In das verkleinerte Ghetto, wo nur noch 3.000 Juden übriggeblieben waren, die weiter für die deutschen Besatzer arbeiten mussten. Er fand dort seinen Vater Aron und seine ältere Schwester Dyna, die der Deportation entkommen waren. Allerdings besaß Jakob keine Papiere und musste sich als Illegaler im Ghetto durchschlagen. Drei Razzien, bei denen er aufgegriffen wurde, hat er nur mit viel Glück überlebt. Immerhin hatte er jetzt wieder seinen Vater, mit dem er die ganze Zeit zusammenblieb, auch als das Ghetto und später die umliegenden Arbeitslager geräumt und viele der Verbliebenen nach Buchenwald verschleppt wurden. In dessen Außenlager Dora mussten die beiden in der Munitionsfabrik schuften. Schließlich wurden sie ins KZ Theresienstadt im Protektorat Böhmen und Mähren transportiert, wo sie am 8. Mai 1945 von der Roten Armee befreit wurden.

Vater und Sohn kehrten in ihren Heimatort Petrikau zurück. Der Vater arbeitete wieder als Steinmetz auf dem Friedhof,

Jakob und seine Schwester Dyna, die den Krieg ebenfalls überlebt hatte, konnten eine Schule in einem nahegelegenen Heim besuchen. Das Glück währte nicht lange. Als in Polen nach dem Krieg die ersten Judenmorde stattfanden, erkannte Aron Horowitz, dass es in seiner alten Heimat keine Zukunft für ihn und seine Kinder gab. Er schickte Jakob und seine Schwester nach Berlin. Sie war 18, er 16 Jahre alt. Jakob schlug sich durch die verschiedenen Besatzungsgebiete in das von den Engländern für entwurzelte Juden gegründete DP-Camp Bergen-Belsen durch und fand Zuflucht im dortigen Kinderheim. Es wurde später nach Hamburg-Blankenese in die Villa Warburg verlegt, die unter der Leitung der damaligen Jugend-Aliyah stand. Im Frühjahr 1946 erhielten Jakob und die Jugendlichen seiner Gruppe als erste die damals begehrten Zertifikate für eine Ausreise nach Palästina, wo er dann im israelischen Befreiungskrieg mitkämpfte.

»Es war für mich besser, alles erfahren zu haben.«

Unter normalen Umständen hätte Jakob Horowitz in Israel eine Familie gegründet und bis zu seiner Rente als technischer Zeichner weitergearbeitet. Doch der Holocaust gibt seine Überlebenden nicht so leicht frei. Die Schatten der Vergangenheit überwältigten Jakob, er erlitt einen Nervenzusammenbruch. Weil im jungen jüdischen Staat keine Therapie angeboten wurde, reiste er zu seiner Schwester nach Berlin. Die hatte am Anhalter-Bahnhof einen An- und Verkauf von Schmuck aufgebaut, in dem Jakob arbeitete, soweit ihm dies seine psychologische Behandlung erlaubte. Dort lernte er seine Frau kennen, die aus Leipzig stammte.

Sein Vater Aron, also der Großvater von Pava Raibstein, war mittlerweile auch nach Deutschland übergesiedelt, nach Frankfurt, wo er eine Steinmetz-Werkstatt auf dem Neuen Jüdischen Friedhof eröffnete. Bei ihm machte Sohn Jakob schließlich eine Lehre sowie den Meister und übernahm nach dem frühen Unfalltod des Vaters das Geschäft. 1980 wurde er Friedhofsverwalter. Als Jakob 2010 starb, wurde er auf »seinem« Friedhof neben seinem Vater begraben.

Das Trauma durch Erzählen überwinden oder zumindest bändigen: Was viele Holocaust-Überlebende nicht konnten, das ist Jakob Horowitz weitgehend gelungen. »Er war ein Mann ohne Hass, offen für seine Umgebung«, berichtet seine Tochter. Vermutlich deshalb hat er sein Trauma auch nicht an sie weitergegeben. Pava hatte ein herzliches Verhältnis zu ihm, ihre Beziehung war nicht durch Schweigen und Tabus belastet. Jakob Horowitz hat sich auch nicht wie so viele andere zurückgezogen auf einen engen Kreis von Leidensgenossen. Im Gegenteil: Er wurde sogar ein Zeitzeuge, der in Schulen auftrat und Zeitungen oder Fernsehsendern Interviews gab.

Für Pava war die Offenheit ihres Vaters ein Glück. Auf der Musterschule in Frankfurt, wo sie 1978 Abitur machte, konnte sie den Umgang auch mit nichtjüdischen Schülern pflegen, durfte sie sogar nach Hause mitbringen. Nach einem Studium in Berlin kehrte sie als Diplom-Kommunikationswirtin an den Main zurück, arbeitete in einer internationalen Werbeagentur, heiratete und hat zwei Kinder, die ihren Großvater und seine Holocaust-Erzählungen noch erlebt haben.

Friedhöfe waren Jakob Horowitz' Schicksal. Als Jugendlicher hat er in Petrikau auf einem christlichen Gottesacker überlebt, später hat er in Frankfurt einen jüdischen Friedhof verwaltet und zahlreiche Grabmale für ihn geschaffen. Selbstverständlich gehörte er einer Chewra Kadischa, einer jüdischen Beerdigungsbruderschaft, an. Deshalb sagte er auch gerne: »Die Toten haben mich gerettet, deshalb bin ich ihnen verbunden.«

ROMAN ZUREK

In Frankfurt am Main geboren. Immobilienkaufmann.

DAMALS IN POLEN hat sich die Familie Zuckermann wohl im Traum nicht vorstellen können, dass einer ihrer Nachfahren einmal in Frankfurt leben würde. Und dass Roman Zurek sich zudem als hundertprozentiger Frankfurter bezeichnen würde. Selbstverständlich ist er auch ein glühender Eintracht-Fan, also Anhänger des örtlichen Fußball-Bundesliga-Clubs. Nur mit Deutschland ist Zurek noch nicht im Reinen. Er ist zwar Deutscher, aber nicht mit pochendem Herzen: »Ich bin ein wenig identitätslos.«

Wundern muss einen das nicht, schließlich lebt Zurek in einem Land, das einst die Familie seines Großvaters Leo Zuckermann umbringen wollte, weil sie jüdisch war. Es ist den Deutschen weitgehend gelungen: Leos Vater sowie vier seiner sechs Geschwister wurden in Auschwitz vergast, seine Mutter wurde im Ghetto von Lodz, wohin die ganze Familie 1940 von den deutschen Besatzern eingewiesen worden war, vor Hunger so krank, dass sie starb. Vollständig vernichten konnten die Deutschen die Familie Zuckermann aber nicht: Leo und zwei seiner Geschwister überleben wie durch ein Wunder.

Roman Zureks Großvater hat durch den Überlebenskampf im Ghetto und in Auschwitz Wunden davongetragen: seelische und körperliche. Bis heute plagen ihn Albträume, die ihn aus dem Schlaf reißen. Das entbehrungsreiche Leben in den Lagern hat zudem seine Gesundheit ruiniert, er musste sich in der Folge mehr als 20 Operationen unterziehen. Trotzdem ist er, so

Roman Zurek mit seinem
Großvater Leo Zuckermann
und seiner Frau.

sagt sein Enkel Roman Zurek, ein sehr starker Mann geblieben, der nie Schwächen zeige.

Wie viele Holocaust-Überlebende konnte Leo Zuckermann in seiner Jugend nicht normal zur Schule gehen und keine Berufsausbildung machen. Doch er hat später viel an Bildung nachgeholt und sich zum Beispiel fünf Sprachen angeeignet, die er weitgehend fließend sprach: Deutsch, Hebräisch, Englisch, Italienisch und Serbisch. Seine Muttersprache blieb jedoch Jiddisch, das er auch in Israel und dann in Deutschland zumindest im Familienkreis benutzte. Enkel Roman Zurek hat diese Sprache von ihm recht ordentlich gelernt, er versteht fast alles, was sein Opa und seine Oma sagen, wenn sie mit ihm oder miteinander sprechen.

Frankfurt war nie das Ziel des Großvaters, doch es hat ihn gleich zweimal in die Mainmetropole verschlagen. Das erste Mal war nach seiner Befreiung durch die Rote Armee aus einem Arbeitslager in Görlitz, wohin er während seiner Gefangenschaft von Auschwitz aus verbracht worden war. Wohin lautete nun die Frage. Wie viele seiner Leidensgenossen kehrte auch Leo Zuckermann zuerst einmal in seine Heimatstadt Lodz zurück. Doch die Stadt war stark zerstört und das Haus, in dem er einst mit seiner Familie gewohnt hatte, gab es nicht mehr. Also entschloss er sich, sich gen Westen zu wenden, um nach Palästina zu gelangen. So landete er im DP-Lager in Frankfurt-Zeilsheim, wo viele entwurzelte Juden auf Papiere für ihre Ausreise warteten.

Es ist Leo Zuckermann tatsächlich gelungen, ins gelobte Land an der Mittelmeerküste zu gelangen. Dort wurde er sofort in die Armee eingezogen und kämpfte im israelischen Unabhängigkeitskrieg gegen die arabischen Angreifer, die nach der Ausrufung des neuen Staates Israel diesen wieder von der Landkarte verschwinden lassen wollten. Viel hat er seinem Enkel Roman aber nie darüber erzählt. Auch der Tod seiner Eltern und der vier Geschwister war für ihn immer ein heikles Thema. Über das Ghetto und Auschwitz hat er dagegen immer wieder berichtet. Zum Beispiel wie grausam die Deutschen auch gegenüber den Kindern waren. Oder wie er Brot zu horten versuchte, um nicht zu verhungern. Der Großvater fühle sich um seine Jugend beraubt, erzählt der Enkel. Schlechte Erinnerungen hat er auch an die Polen, von denen nicht wenige Antisemiten gewesen seien. Als Kind sei er in der Schule als Jude oft gehänselt worden.

Wäre es in den Jahren nach der Gründung des Staates Israel für seinen Opa nicht so schwer gewesen, eine Arbeit zu finden, wäre der Enkel Roman Zurek heute vermutlich Israeli und würde dort leben. Denn dann wäre der Großvater, der 1950 seine heute noch mit ihm lebende Frau Sara geheiratet hatte, nicht emigriert, um der Arbeitslosigkeit zu entkommen. Das Ziel hieß Kanada, doch am Ende ließen sich die Großeltern in Frankfurt nieder, weil dort eine Schwester von Leo Zuckermann lebte, die ihnen weiterhelfen konnte. In der Mainmetropole machten die Zuckermanns einen Imbiss auf der Einkaufsstraße Zeil auf, wo sie die wohl ersten Hamburger in der Stadt anboten.

Vollständig heimisch wurden die Großeltern in Frankfurt nie, ihre Heimat waren die Familie, die Kinder und Enkel, die bis heute ein enges Verhältnis zu Leo Zuckermann und seiner Frau haben. Am wichtigsten sei es dem Opa und der Oma bis heute, dass es den Enkeln gut gehe, erzählt Roman Zurek. Er ist beruflich in die Fußstapfen seines Großvaters getreten, der irgendwann in Frankfurt erfolgreich in das Immobiliengeschäft eintrat und den Enkel wohl zu einer ähnlichen Karriere angeregt hat. Nach seinem Fachabitur machte Roman Zurek eine Ausbildung als Immobilienkaufmann und ist seit 2007 in der Immobilienbranche tätig.

Zum Glück hat sich die Traumatisierung der Großeltern nicht auf den Enkel übertragen. Das Schicksal seines Großvaters machte Zurek aber sensibel für Ungerechtigkeiten. Wenn er Unrecht erlebe, versuche er, ihm entgegenzutreten, sagt er. Auch soziales Engagement ist für ihn Pflicht. Viele Jahre hat er beim jüdischen Sportverein Makkabi Fußballmannschaften trainiert. Kein Wunder, dass er Eintracht-Fan ist, schließlich galt der Verein schon in den 1920er Jahren als »Judenklub«, ihre Spieler wurden damals in der Bevölkerung gerne »Juddebube« genannt. In dieser Tradition steht die Eintracht bis heute, Antisemitismus und Rassismus tritt sie entschieden entgegen. Die Eintracht ist also genau der richtige Herzensverein für Roman Zurek.

RON JOST

2003 in Frankfurt geboren. Studiert in Zürich Informatik.

LEONID VINDERMAN IST SEHR RELIGIÖS. Zweimal am Tag habe der Opa, bevor er ins Jüdische Altersheim gezogen sei, die Frankfurter Westend-Synagoge aufgesucht, erzählt sein Enkel Ron Jost. Diese Hingabe Vindermans an den Glauben und die Religion ist erstaunlich für einen Juden, der den Großteil seines Lebens in der Sowjetunion verbracht hat. Denn die Juden dort wuchsen seit der Russischen Revolution in einer atheistischen Gesellschaft auf, das kommunistische Regime setzte der Religionsausübung immer enge Grenzen.

Nach dem Zusammenbruch der Sowjetunion und dem Ende des Eisernen Vorhangs zwischen Ost und West hat Deutschland zwischen 1991 und 2005 mehr als 200.000 Juden als sogenannte Kontingentflüchtlinge aufgenommen, darunter auch Rons Mutter und seinen Großvater. Wie allen Angehörigen von Glaubensgemeinschaften war in der Sowjetunion auch den Juden die Ausübung ihrer Religion untersagt, weshalb ihr religiöses Wissen und ihre liturgischen Bräuche im Laufe der Jahrzehnte weitgehend verkümmert waren. In ihrem Pass waren Juden zwar als Juden ausgewiesen, doch ein religiöses Judentum blieb den meisten von ihnen fremd.

Bei dem 1929 in Rumänien geborenen Leonid Vinderman war das anders, er hatte dem traditionellen Glauben auch in seiner atheistischen Umwelt die Treue gehalten. Nach seiner Übersiedlung nach Deutschland konnte er seine Religion unbedrängt praktizieren und wurde sogar noch frommer als

Ron Jost mit seinem Großvater Leonis Vinderman.

früher. So erzählt es jedenfalls sein Enkel Ron Jost, ein junger Informatikstudent, der an der renommierten Eidgenössischen Technischen Hochschule in Zürich studiert. Ron hat ein enges Verhältnis zu seinem Großvater, seit geraumer Zeit sucht er ihn immer wieder im Jüdischen Altenheim auf, um ihn über sein Leben zu befragen. Die Geschichte Leonid Vindermans will er einmal als Buch veröffentlichen.

Sein Großvater ist erfreut darüber, dass Ron an einer berühmten Universität studiert, denn nach seiner Auffassung ist Bildung das wichtigste Gut, das ein Mensch erwerben kann. Leonid Vinderman hatte immer ein scharfes Auge auf die Schulnoten seiner Enkel. Eine Zwei war ihm nicht gut genug, es sollte immer eine Eins sein. Diesen strengen Maßstäben hat sein Enkel Ron nicht immer genügt, er hätte mehr lernen sollen. Ein gutes Verhältnis haben Opa und Enkel trotzdem.

Vermutlich hängen die starke Religiosität von Leonid Vinderman wie auch seine hohen Bildungsansprüche eng mit seiner Herkunft und seiner Lebensgeschichte zusammen. Rons Opa entstammt einer gläubigen jüdischen Familie, die womöglich noch heute in der rumänischen Stadt Vaslui im Nordosten des Landes nahe der Grenze zu Moldawien leben würde, wäre nicht der Zweite Weltkrieg dazwischengekommen. Rumänien, in dem vor dem Zweiten Weltkrieg etwa 750.000 Juden lebten, war damals ein gehorsamer Verbündeter des Deutschen Reiches, der dem Nazi-Regime auch in seiner Judenpolitik nacheiferte.

Einen Tag vor dem Überfall auf die Sowjetunion am 21. Juni 1941 hatte der damalige rumänische Diktator, Marschall Antonescu, die Deportation aller Juden aus ländlichen Regionen in die Städte verfügt. Die Liegenschaften jüdischer Gemeinden und viel jüdischer Privatbesitz wurden nach und nach enteignet, die Männer mussten Zwangsarbeit leisten, die jüdischen Staatsangestellten verloren ihre Stellen, jüdische Kaufleute wurden mit Sondergesetzen in den Ruin getrieben. Rumänien folgte damit ganz dem Vorbild Nazi-Deutschlands.

Gleich nach Kriegsbeginn überfielen Soldaten der Wehrmacht und rumänische Polizei- und Militäreinheiten im Pogrom von Iasi die jüdische Bevölkerung und ermordeten etwa 13.000 Männer, Frauen und Kinder. »Reinigung des Landes« nannte die Regierung ihre Version der »Endlösung«, die vor allem die Juden im Nordosten traf, von denen viele in Lagern in Transnistrien verhungerten oder erschossen wurden. Rons Großvater hatte also gut daran getan, mit einem Teil der Familie bald nach Kriegsbeginn Rumänien zu verlassen und ins benachbarte sowjetische Bessarabien zu fliehen. Die kleine Schwester von Leonid Vinderman starb auf dieser Flucht, weil sie während eines Überfalls einer Räuberbande aus dem Zug auf die Gleise stürzte. Wie wenig wohlgesonnen die rumänische Bevölkerung gegenüber ihren Juden war, konnten die Fliehenden an einer Wand des Zugwaggons, mit dem normalerweise Vieh transportierte wurde, lesen. Dort stand mit Kreide geschrieben: »Die Juden fahren zu den Bolschewiken«. Juden als Erfinder und Verbreiter des Bolschewismus – so lautete damals und vielerorts noch heute das Klischee der Rechtsradikalen aller Länder.

Im Falle der Vindermans hatten die Kommunisten aber die Verwandten in Bessarabien längst enteignet, zu denen die Familie von Rons Großvater geflohen war. Weil rumänische Truppen Richtung Nordosten vorrückten, musste sie weiter nach Moldawien fliehen, wobei auf diesem Treck mit Ochsenkarren eine Tante von Leonid Vinderman durch eine Fliegerbombe getötet wurde. Opa Vinderman erinnert sich noch genau, wie sie sich alle einmal zwei Tage lang in einem Maisfeld versteckten. Schließlich wurden sie im Rahmen des allgemeinen Rückzugs der Roten Armee gen Osten nach Rostow am Don evakuiert.

Dort arbeitete die Mutter von Leonid Vinderman, während der Vater in der sowjetischen Hilfsarmee Dienst leisten musste. Dort konnte Leonid Vinderman erstmals wieder zur Schule gehen. Sein Glück hielt jedoch nicht lange an, denn drei Monate später stand die Wehrmacht vor den Toren Rostows.

Die Familie floh weiter nach Usbekistan im Kaukasus. Trotz der Bombardierung ihres Zuges erreichte sie eine Kolchose in Usbekistan, wo die ganze Familie arbeiten musste. Wegen Hungers und fehlender sanitärer Einrichtung starben während dieser Zeit alle Mitglieder der Familie außer Leonid

Vinderman und sein sieben Jahre alter Bruder Abram. Wiewohl er erst zwölf Jahre alt war, organisierte Leonid Vinderman daraufhin seine Aufnahme und die seines kleinen Bruders in ein Kinderheim, wo sie zwischen 1943 und 1945 lebten und lernten.

Nach dem Krieg begann ein neues Leben für Leonid Vinderman. Dank der Unterstützung eines Verwandten konnte er in Moldau das Abitur nachholen und nach einem Militärdienst in Odessa Messtechnik studieren. Schließlich schloss er auch noch erfolgreich ein Mathematikstudium ab. »Bildung war für meinen Großvater äußerst wichtig«, erzählt sein Enkel Ron. Vinderman drängte auch darauf, dass seine ihm dort geborenen beiden Töchter Alla und Inna – Alla ist die Mutter von Ron Jost – eifrig lernten. Mit ihren guten Noten hätten sie in der Sowjetunion theoretisch eigentlich jedes Fach studieren dürfen – doch praktisch blieb Rons Mutter Alla das ersehnte Medizinstudium verwehrt, weil sie Jüdin war. Beide Schwestern heirateten in der Sowjetunion, aber vor allem Alla wollte unbedingt in den Westen fliehen, sobald es eine Möglichkeit gab. Sie hatte schon früh erkannt, dass das Leben im Kommunismus ein Leben in Unfreiheit war.

»Solange es noch Zeitzeugen gibt, sollte man mit ihnen sprechen.«

Das Problem für sie und ihre Schwester bestand allerdings darin, dass Leonid Vinderman, ihr Vater, sich in der Ukraine beruflich etabliert hatte, eine hohe Position in einem Betrieb einnahm und eine Emigration zunächst ablehnte. Schließlich stimmte er einer Auswanderung doch zu, da seine Töchter auf das Verlassen des Landes drängten und er sonst allein zurückgeblieben wäre. Er und seine Familie wanderten schließlich tatsächlich nach Deutschland aus und kamen als sogenannte Kontingentsflüchtlinge 1991 in Frankfurt an. Leonid Vinderman fand aufgrund seiner damals noch mangelhaften Deutschkenntnisse und seines Alters keinen Job, seine Frau, eine Kinderärztin, konnte in ihrem Beruf nicht arbeiten, weil in Deutschland ihr Medizinstudium nicht anerkannt wurde. Allerdings engagierte sich Leonid Vinderman in der Jüdischen Gemeinde, wo er 16 Jahre lang Mitglied des Gemeinderats war und der Kulturkommission vorsaß. Lange Zeit war er außerdem stellvertretender Vorsitzender des jüdischen Flüchtlingsverbandes. Auch im Jüdischen Altersheim in Frankfurt kümmert sich Leonid Vinderman als Mitglied des Einrichtungsbeirats um das Gemeinwohl.

Rons Mutter Alla sicherte ihr materielles Leben und das ihres Sohnes Garry zunächst als Babysitterin und Hausaufgabenhilfe. Danach arbeitete sie bei einem Software-Unternehmen und schließlich bei einer großen Versicherung. Alla lernte irgendwann einen Mann kennen, heiratete ihn, und 2003 kam Ron, der gemeinsame Sohn des Ehepaars, zur Welt.

Er hat sich seit seiner Kindergartenzeit von seinem Großvater gerne Geschichten aus dessen Leben erzählen lassen. Doch der Opa ließ einige Stellen offen: Über seine tote Schwester etwa redete er lange nicht. In der zehnten Klasse sollte Ron eine Hausarbeit über die Überlebenden in seiner Familie schreiben und befragte deshalb seinen Großvater intensiv. Nun, weitere vier Jahre später, arbeitet er detailliert mit seinem Opa dessen Lebensgeschichte durch. »Solange es noch Zeitzeugen gibt«, so seine Überzeugung, »sollte man mit ihnen sprechen.«

Kapitel 9
Einsamer Überlebender

Engel in Auschwitz. Den Auschwitz-Überlebenden Siegmund Freund konnte der Fotograf Rafael Herlich nicht im Kreise seiner Familie fotografieren. Freund hatte zwar Verwandte in Amerika, aber er lebte in den letzten Jahrzehnten seines Lebens in Frankfurt. Seine Familie waren andere Überlebende, vor allem jene aus Auschwitz-Monowitz. Er hat einigen von ihnen dort das Leben gerettet, indem er sie mit Essen versorgte. Ihnen ist er als Engel von Auschwitz in Erinnerung geblieben.

Kapitel 9
Porträt

SIEGMUND FREUND

1920 in Remscheid geboren, 2022 in Frankfurt gestorben. Schmuckhändler. Mitglied des Rates der Überlebenden des Holocaust am Fritz-Bauer-Institut in Frankfurt.

WER IHN KANNTE, MOCHTE IHN. »Er ist ein Freund für uns alle«, hat einmal Trude Simonsohn, die 2022 verstorbene Holocaust-Überlebende und Ehrenbürgerin der Stadt Frankfurt, über Siegmund Freund gesagt. Nun weilt auch der kleingewachsene, schmale Mann, der mehrere Konzentrationslager überlebt hat, nicht mehr unter den Lebenden, er starb 2022 im Alter von 102 Jahren. Freund, der in Auschwitz-Monowitz zur Zwangsarbeit für den Chemiekonzern IG Farben gezwungen wurde, kämpfte nach dem Krieg an der Seite Norbert Wollheims, der den von den Alliierten zerschlagenen Konzern mit Sitz in Frankfurt Anfang 1951 auf Schadensersatz verklagt und 1953 die erste Entschädigung von NS-Zwangsarbeitern durchgesetzt hatte.

Norbert Wollheim gegen die IG Farben: Das ist ein Musterprozess gewesen, bei dem noch vor dem Auschwitz-Prozess von 1963 zum ersten Mal die Verbrechen von Auschwitz juristisch aufgearbeitet wurden. Mit der Gerichtsentscheidung, wonach die IG Farben beziehungsweise ihre Nachfolge-Unternehmen Wollheim 10.000 Mark Schadensersatz zahlen mussten, öffnete sich die Tür zur ersten großflächigen Entschädigung von Zwangsarbeitern des NS-Systems. Die IG Farben musste danach im Rahmen eines Vergleichs eine Gesamtsumme von etwa 30 Millionen Mark an Tausende ihrer früheren Zwangsarbeiter zahlen.

Siegmund Freund.

Als 1995 in Frankfurt das Fritz-Bauer-Institut zur Erforschung der Geschichte des Holocaust gegründet wurde, trat Freund dem Rat der Überlebenden bei, der das neue Institut beriet. Mit seinen Freunden und Mitstreitern konnte er durchsetzen, dass der Platz vor der neu errichteten Westend-Universität in Frankfurt mit dem IG Farben-Haus als Zentrum den Namen Norbert-Wollheim-Platz bekam und das Wollheim-Memorial zur Erinnerung an Wollheim und die anderen Monowitzer eingerichtet wurde. Freund war der letzte des ursprünglich 15 Mitglieder zählenden Rates der Überlebenden, zu dem auch Trude Simonsohn als bekanntestes Mitglied gehörte. Drei große Treffen von Holocaust-Überlebenden hat es in Frankfurt gegeben, 1998, 2004 und 2008. Freund nahm nicht nur an allen teil, er war auch maßgeblich an ihrem Zustandekommen und an ihrem Ablauf beteiligt. Überhaupt sah man ihn bei fast allen Frankfurter Veranstaltungen, in denen es um die Vernichtung der Juden und die Aufarbeitung der NS-Vergangenheit ging.

Freund hat den Aufstieg Hitlers und seiner NSDAP als Jugendlicher bewusst erlebt, schließlich wurde er 1920 in Remscheid geboren. Sein Vater verdiente seinen Lebensunterhalt als Uhrmacher, ein Beruf, den auch Sohn Siegmund, den seine Freunde und Bekannten »Siegi« nannten, ergriff. Am 9. September 1939 stand die Gestapo in Remscheid vor Siegmund Freunds Tür, verhaftete ihn und deportierte ihn ins KZ Sachsenhausen. Eines Tages blieb die Uhr des Kommandanten stehen. Der Kommandant ließ unter den Häftlingen fragen, wer sie reparieren könne. Siegmund Freund meldete sich und reparierte die Uhr. Er sei sich bewusst gewesen, dass es mit seinem Leben vorbei gewesen wäre, wäre ihm das misslungen, hat Siegmund Freund Naomi Rosenthal erzählt, der Tochter einer Cousine, die in Amerika überlebte.

Von Sachsenhausen ging es weiter nach Auschwitz-Monowitz, wo Siegmund Freund zum Glück in der Küche arbeiten konnte, wo es mehr zu essen gab. Der Vater des kürzlich verstorbenen Frankfurter Gemeindevorstand-Mitglieds Harry Schnabel verdankt Siegmund Freund sein Leben, weil dieser ihm als Küchenhelfer Essen zustecken konnte. Auch ein anderer Überlebender, Ya'acov Silberstein, erzählt in einem Video davon, wie »Siegi« ihm im KZ Monowitz Brot und Kartoffeln geschenkt habe, ohne etwas dafür zu verlangen. Der Film ist im Wollheim-Gedenkpavillon auf dem Campus Westend der Goethe-Universität Frankfurt, der an Wollheim und die Monowitzer Zwangsarbeiter erinnert, zu sehen: Neben einem Dutzend anderen aufgezeichneten Lebensberichten von Häftlingen, die für die IG Farben schuften mussten

Die IG Farben war ein 1925 entstandener Zusammenschluss der damals acht größten deutschen Chemie-Unternehmen, darunter die Hoechst AG und Casella in Frankfurt. Einer der führenden Manager der IG Farben war anfangs der Frankfurter Unternehmer Arthur von Weinberg, der zuvor mit seinem Bruder Carl von Weinberg den Casella-Konzern geleitet hatte und in der Mainmetropole nicht nur Ehrenbürger, sondern auch ein großer Mäzen war. Nach der Machtübernahme Hitlers musste er wegen seiner jüdischen Herkunft die IG Farben verlassen und wurde 1943 im Alter von 82 Jahren ins Ghetto Theresienstadt deportiert, wo er bald nach seiner Ankunft starb.

» Er ist ein Freund für uns alle.«

Der Architekt Hans Poelzig errichtete zwischen 1928 und 1931 für die Zentralverwaltung der IG Farben im Frankfurter Westend ein repräsentatives modernes Bürogebäude, das IG Farben-Haus, das wundersamerweise den Bombenkrieg überstand und nach dem Zweiten Weltkrieg Sitz der amerikanischen Militärverwaltung wurde und seit 2001 die geisteswissenschaftlichen Fachbereiche der Frankfurter Universität beherbergt. Für den von Hitler und seinem Regime entfachten Krieg war der IG Farben-Konzern eine wichtige industrielle Stütze. Wie kaum ein anderes Unternehmen in Deutschland profitierte die IG Farben von Regierungsaufträgen. Der Konzern errichtete in Nachbarschaft zum Konzentrations- und Vernichtungslager Auschwitz die Buna-Werke mit dem angeschlossenen firmeneigenen KZ Monowitz, wohin Siegmund Freund damals deportiert wurde. Nach der Räumung von Auschwitz kurz vor Kriegsende landete er wieder im KZ Sachsenhausen, von wo er zuletzt von der SS-Wachmannschaft auf einen Todesmarsch geschickt und schließlich in Schwerin befreit wurde.

Nach dem Krieg ging Freund in die Vereinigten Staaten, wo er seine beiden schon früh aus Nazi-Deutschland emigrierten Schwestern wieder traf. Seinen Lebensunterhalt verdiente er sich dort als Schmuckgroßhändler. Weshalb er 1961 nach Deutschland zurückkehrte, weiß niemand so recht. Seine Nichte Shelley Sloboder berichtet, sie habe sich jahrelang gefragt, warum ihr Onkel sich entschieden habe, in Deutschland zu leben. Erst sehr spät habe sie verstanden, dass er in Deutschland unter den Überlebenden und den jüdischen Menschen Freundschaft, Liebe und Verständnis erfahren habe: »Für Siegi war Deutschland sein Zuhause.« Sein Neffe Sam Glattstein erzählt, dass seine Mutter, also eine der beiden Schwestern von Freund, glücklich war, wenn er sie besuchte. Er selbst habe in den vergangenen 15 bis 20 Jahren öfter mit dem Onkel aus Deutschland telefoniert: »Siegi wollte nie Aufmerksamkeit, dennoch präsentierte er sich immer irgendwie als ein starker, einfühlsamer und hoch intelligenter Mann mit viel Rücksichtnahme auf andere.«

Nach seiner Rückkehr nach Deutschland ließ sich Siegmund Freund in Frankfurt nieder und gründete einen recht erfolgreichen Perlenhandel. Freund hätte sich wohl eine Villa leisten können, doch er begnügte sich mit einer gemieteten Zwei-Zimmer-Wohnung in Frankfurt Eschersheim. Jene extreme Sparsamkeit, die er pflegte, ist ein klassisches Symptom, das sich bei vielen Shoa-Überlebenden findet.

Freund hinterlässt keine Kinder und Enkel. Er fand kein Zuhause in einer eigenen Familie, musste sein Trauma alleine tragen. Mit seinem Tod hat Frankfurt und Deutschland einen der letzten Holocaust-Überlebenden verloren. Was ihm während der NS-Verfolgung und seiner KZ-Zeit widerfahren ist, hat Freund selten erzählt. Nur hin und wieder trat er als Zeitzeuge vor Schulklassen in seiner Heimatstadt Remscheid auf, die Ende 2023 aus Dankbarkeit den Innenhof der Polizeiinspektion nach ihm benannte. Alle in Freunds Umgebung wussten, dass er ein schweres Schicksal hatte, doch er trug es offenbar am liebsten für sich allein. Die Westend-Synagoge in Frankfurt wurde ihm im Laufe der Zeit zu einer neuen Heimat, dort sah man ihn jeden Freitag. »Er war da und er war nicht da«, sagt Samuel Ziegler, der zuletzt Siegmund Freund betreut und sich um ihn gekümmert hat. »Siegmund Freund ging an unserem Leben vorbei«, muss er sich eingestehen. Als die Coronapandemie ausbrach und ein Besuch der Synagoge oder von Veranstaltungen nicht möglich war, fehlten Freund alle sozialen Kontakte. »Er lebte in purer Einsamkeit«, berichtet Ziegler, der den Hundertjährigen daraufhin ins Jüdische Altersheim brachte. Dort hat man sich gut um den schon hinfälligen Mann gekümmert. Denn alle mochten Siegmund Freund – obwohl sie so wenig über ihn wussten.

AUTOR & FOTOGRAF

Hans Riebsamen (li.) war mehr als 30 Jahre lang Redakteur der Frankfurter Allgemeinen Zeitung und hat sich in vielen Artikeln mit jüdischem Leben beschäftigt.

Rafael Herlich (re.) ist ein bedeutender Chronist jüdischen Lebens in Deutschland. Mit seinen Bildern dokumentiert er die Vielfalt des religiösen Lebens, um auf diesem Weg für Toleranz und Verständnis zu werben.